VRHUNSKA BLISKOISTOČNA KUHARICA

Uživajte u 100 bogatih okusa bliskoistočne kuhinje

Domagoj Pavić

Materijal autorskih prava ©2024

Sva prava pridržana

Nijedan dio ove knjige ne smije se koristiti ili prenositi u bilo kojem obliku ili na bilo koji način bez odgovarajućeg pisanog pristanka izdavača i vlasnika autorskih prava, osim kratkih citata korištenih u recenziji. Ovu knjigu ne treba smatrati zamjenom za medicinske, pravne ili druge stručne savjete.

SADRŽAJ

SADRŽAJ 3

UVOD 7

DORUČAK 8

    1. Galette od crvene paprike i pečenih jaja 9
    2. Acharuli khachapuri 12
    3. Shakshuka 15
    4. Pirjana jaja s janjetinom, tahinijem i sumakom 17

STARTERI 20

    5. Osnovni hummus 21
    6. Hummus kawarma (janjetina) s umakom od limuna 23
    7. Cigla 26
    8. Sfiha ili Lahm Bi'ajeen 28
    9. Falafel 31
    10. A'ja (popečci od kruha) 34
    11. Popečci od blitve 36
    12. Musabaha (topli slanutak s humusom) i tostirana pita 38
    13. Dunje punjene janjetinom s narom i cilantrom 41
    14. Latkes 44
    15. "Kolač" od repe i teletine 46
    16. Punjeni luk 49
    17. Otvori Kibbeh 52
    18. Isjeckana jetrica 55
    19. Kubbeh hamusta 58
    20. Punjene Romano paprike 62
    21. Punjeni patlidžan s janjetinom i pinjolima 65
    22. Punjeni krumpir 68
    23. Punjene artičoke s graškom i koprom 71

GLAVNO JELO 74

    24. Pečeni slatki krumpir i svježe smokve 75
    25. Na'amin fattoush 77
    26. Pita sa začinskim biljem 79
    27. Pečeni patlidžan sa prženim lukom 82

28.	PEČENA BUTTERNUT TIKVA SA ZA'ATAROM	84
29.	FAVA BEAN KUKU	87
30.	ĆUFTE OD PORILUKA OD LIMUNA	90
31.	SALATA OD KORJENASTOG POVRĆA S LABNEHOM	93
32.	PRŽENE RAJČICE S ČEŠNJAKOM	95
33.	CHERMOULA PATLIDŽAN S BULGUROM I JOGURTOM	97
34.	PRŽENA CVJETAČA S TAHINIJEM	100
35.	BLISKOISTOČNI MIJEŠANI ROŠTILJ	103
36.	PIRJANA PREPELICA S MARELICAMA I TAMARINDOM	105
37.	PEČENA PILETINA S KLEMENTINAMA	108
38.	PEČENA PILETINA S JERUZALEMSKOM ARTIČOKOM	111
39.	POŠIRANA PILETINA S FREEKEHOM	114
40.	PILETINA S LUKOM I RIŽOM S KARDAMOMOM	117
41.	ŠAFRAN SALATA OD PILETINE I ZAČINSKOG BILJA	120
42.	PILEĆI SOFRITO	123
43.	KOFTA B'SINIYAH	126
44.	GOVEĐE MESNE OKRUGLICE S FAVA GRAHOM I LIMUNOM	129
45.	JANJEĆE MESNE OKRUGLICE S ŽUTIKOM, JOGURTOM I ZAČINSKIM BILJEM	132
46.	BURGERI OD PURETINE I TIKVICA SA ZELENIM LUKOM I KUMINOM	135
47.	SPORO KUHANA TELETINA SA SUHIM ŠLJIVAMA I PORILUKOM	138
48.	SHAWARMA OD JANJETINE	141
49.	POPEČENI BRANCIN S HARISSOM I RUŽOM	144
50.	ĆEVAPI OD RIBE I KAPARA SA ZAGORENIM PATLIDŽANOM I KISELIM KRASTAVCEM OD LIMUNA	147
51.	PRŽENE SKUŠE SA ZLATNOM SALSOM OD CIKLE I NARANČE	150
52.	KOLAČI OD BAKALARA U UMAKU OD RAJČICE	153
53.	RIBLJI RAŽNJIĆI NA ŽARU S HAWAYEJOM I PERŠINOM	156
54.	KOZICE, JAKOBOVE KAPICE I ŠKOLJKE S RAJČICOM I FETOM	159
55.	ODRESCI LOSOSA U CHRAIMEH UMAKU	162
56.	MARINIRANA SLATKO-KISELA RIBA	165
57.	BUTTERNUT SQUASH & TAHINI NAMAZ	168
58.	POLPETTONE	170
59.	POUGLJENJENA BAMIJA S RAJČICOM	174
60.	ZAGORJELI PATLIDŽAN SA SJEMENKE NARA	176
61.	TABULE	179
62.	PEČENI KRUMPIR S KARAMELOM I SUHIM ŠLJIVAMA	182
63.	BLITVA S TAHINIJEM, JOGURTOM I PINJOLIMA NA MASLACU	185

64.	RIŽA SA ŠAFRANOM S ŽUTIKAMA, PISTACIJAMA I MJEŠAVINOM ZAČINSKOG BILJA	188
65.	SABIH	191
66.	MEJADRA	194
67.	BOBICE PŠENICE I BLITVA S MELASOM OD NARA	197
68.	BALILAH	199
69.	BASMATI RIŽA I ORZO	201
70.	BASMATI I DIVLJA RIŽA SA SLANUTKOM, RIBIZLOM I ZAČINSKIM BILJEM	203
71.	RIŽOTO OD JEČMA S MARINIRANOM FETOM	206
72.	CONCHIGLIE S JOGURTOM, GRAŠKOM I ČILEOM	209
73.	MAKLUBA	211
74.	KUS-KUS S RAJČICOM I LUKOM	215

SALATE 218

75.	BABY SALATA OD ŠPINATA S DATULJAMA I BADEMIMA	219
76.	SALATA OD SIROVE ARTIČOKE I ZAČINSKOG BILJA	221
77.	SALATA OD PERŠINA I JEČMA	223
78.	SALATA OD MIJEŠANOG GRAHA	225
79.	SALATA OD KORABICE	228
80.	PIKANTNA SALATA OD MRKVE	230
81.	FRICASSEE SALATA	232
82.	ZAČINJENI SLANUTAK I SALATA OD POVRĆA	235
83.	MASNA SALATA OD TIKVICA I PARADAJZA	238
84.	ZAČINJENA SALATA OD CIKLE, PORILUKA I ORAHA	241
85.	SALATA OD PEČENE CVJETAČE I LJEŠNJAKA	244

JUHE 246

86.	JUHA OD POTOČARKE I SLANUTKA S RUŽINOM VODICOM	247
87.	VRUĆA JUHA OD JOGURTA I JEČMA	250
88.	CANNELLINI JUHA OD GRAHA I JANJETINE	252
89.	JUHA OD PLODOVA MORA I KOMORAČA	255
90.	JUHA OD PISTACIJA	258
91.	ZAGORENI PATLIDŽAN I MOGRABIEH JUHA	261
92.	JUHA OD RAJČICE I KISELOG TIJESTA	264
93.	BISTRA PILEĆA JUHA S KNAIDLACHOM	266
94.	ZAČINJENA FREEKEH JUHA S MESNIM OKRUGLICAMA	269

DESERT 272

95.	Slatke filo cigare	273
96.	Pire od cikle s jogurtom i za'atarom	275
97.	Ka'ach Bilmalch	277
98.	Bureke	280
99.	Ghraybeh	283
100.	Mutabbaq	285

ZAKLJUČAK 288

UVOD

Upustite se u kulinarsku odiseju koja nadilazi vrijeme i granice dok vas pozivamo da istražite živahnu tapiseriju okusa u "Najboljoj bliskoistočnoj kuharici". Na stranicama ovog gastronomskog remek-djela zalazimo duboko u srce bliskoistočne kuhinje, predstavljajući primamljiv niz od 100 recepata koji sažimaju bogatstvo i raznolikost ove drevne kulinarske tradicije.

Zamislite mirise egzotičnih začina koji se šire užurbanim tržnicama, cvrčanje mesa na otvorenim roštiljima i toplu gostoljubivost koja definira bliskoistočnu kuhinju. Od suncem obasjanih obala Mediterana do bazara Arapskog poluotoka prepunih začina, ova kuharica vaša je putovnica za uživanje u prepoznatljivim i zadivljujućim okusima koji su se usavršavali stoljećima.

Naše kulinarsko putovanje nadilazi područje recepata; to je slavlje kulturne baštine, tradicije i umijeća kuhanja Bliskog istoka. Svako je jelo remek-djelo za sebe, priča priču o regionalnim utjecajima, obiteljskim tradicijama i dubokoj povezanosti sa zemljom.

Bilo da ste ambiciozni kućni kuhar željan ponovno stvoriti autentične okuse Bliskog istoka ili iskusni kulinarski istraživač koji želi proširiti svoj repertoar, ovi su recepti pažljivo odabrani kako bi vas vodili kroz zamršene nijanse bliskoistočne kuhinje. Stoga, pridružite nam se dok krećemo u ovu avanturu prepunu okusa, gdje svaka stranica otkriva novo poglavlje u bogatoj tapiseriji "Najbolje bliskoistočne kuharice".

DORUČAK

1. <u>Galette od crvene paprike i pečenih jaja</u>

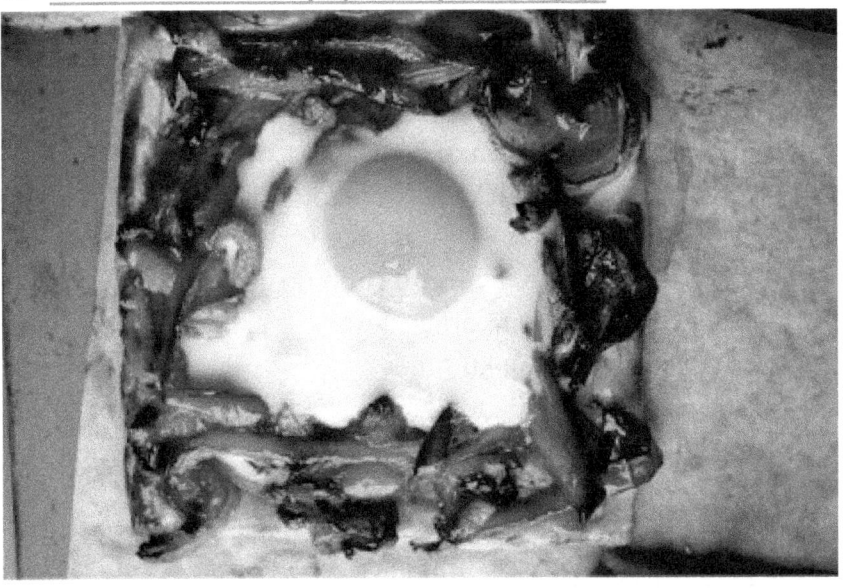

Proizvodi: 4

SASTOJCI
- 4 srednje crvene paprike, prepolovljene, očišćene od sjemenki i narezane na trake ⅜ inča / 1 cm široke
- 3 mala luka, prepolovljena i izrezana na kriške širine ¾ inča / 2 cm
- 4 grančice timijana, listiće ubrati i nasjeckati
- 1½ žličice mljevenog korijandera
- 1½ žličice mljevenog kumina
- 6 žlica maslinovog ulja, plus još za kraj
- 1½ žlice pljosnatog lišća peršina, krupno nasjeckanog
- 1½ žlica lišća cilantra, grubo nasjeckanog
- 250 g najkvalitetnijeg lisnatog tijesta s maslacem
- 2 žlice / 30 g kiselog vrhnja
- 4 velika jaja iz slobodnog uzgoja (ili 5½ oz / 160 g feta sira, izmrvljenog), plus 1 jaje, lagano tučeno
- sol i svježe mljeveni crni papar

UPUTE
a) Zagrijte pećnicu na 400°F / 210°C. U velikoj zdjeli pomiješajte papriku, luk, listiće majčine dušice, mljevene začine, maslinovo ulje i dobar prstohvat soli. Rasporedite u tepsiju i pecite 35 minuta uz par puta miješanja tijekom kuhanja. Povrće treba biti mekano i slatko, ali ne previše hrskavo ili smeđe jer će se dalje kuhati. Izvadite iz pećnice i umiješajte polovicu svježih začina. Probajte začine i ostavite sa strane. Zagrijte pećnicu na 425°F / 220°C.

b) Na lagano pobrašnjenoj površini razvaljajte lisnato tijesto u kvadrat od 12 inča / 30 cm debljine oko ⅛ inča / 3 mm i izrežite na četiri kvadrata od 6 inča / 15 cm. Izbodite kvadrate vilicom i stavite ih, dobro razmaknute, na pleh obložen papirom za pečenje. Ostavite da odstoji u hladnjaku najmanje 30 minuta.

c) Izvadite tijesto iz hladnjaka i premažite vrh i stranice razmućenim jajetom. Pomoću lopatice ili stražnje strane žlice rasporedite 1½ žličice kiselog vrhnja po svakom kvadratu, ostavljajući rub od ¼ inča / 0,5 cm oko rubova. Rasporedite 3 žlice mješavine papra na kvadrate prelivene kiselim vrhnjem, ostavljajući čiste rubove da se dignu. Treba ga rasporediti prilično ravnomjerno, ali u sredini ostavite plitku udubinu u koju kasnije stane jaje.

d) Galette pecite 14 minuta. Izvadite lim za pečenje iz pećnice i pažljivo razbijte cijelo jaje u udubljenje u sredini svakog peciva. Vratite u pećnicu i pecite još 7 minuta, dok se jaja ne stisnu. Pospite crnim paprom i preostalim začinskim biljem te pokapajte uljem. Poslužite odmah.

2. <u>Acharuli khachapuri</u>

Količina: 6
SASTOJKA
TIJESTO
- 2 šalice / 250 g brašna za kruh
- 1½ žličice brzorastućeg aktivnog suhog kvasca
- 1 veliko jaje slobodnog uzgoja, istučeno
- ½ šalice / 110 g grčkog jogurta
- ¼ šalice / 60 ml mlake vode
- ½ žličice soli

PUNJENJE
- 1½ oz / 40 g halloumi sira, izrezanog na kockice od ¼ inča / 0,5 cm
- 2 žlice / 20 g izmrvljenog feta sira
- ¼ šalice / 60 g ricotta sira
- ¼ šalice / 60 g ricotta sira
- ¼ žličice mljevenog crnog papra
- ⅛ žličice soli, plus još za kraj
- ½ žlice nasjeckanog timijana, plus još za posipanje
- ½ žlice za'atara
- naribana korica ½ limuna
- 6 velikih jaja slobodnog uzgoja
- maslinovo ulje, za posluživanje

UPUTE

a) Počnite s tijestom. U veliku zdjelu za miješanje prosijte brašno i dodajte kvasac. Lagano promiješajte. Napravite udubinu u sredini i ulijte polovicu jaja (ostavite drugu polovicu da kasnije premažete kiflice), jogurt i mlaku vodu. Pospite sol oko bunara.

b) Počnite miješati smjesu, dodajući još malo vode ako je potrebno (ne mnogo; ovo tijesto treba biti suho), dok se sve ne sjedini u grubo tijesto. Prebacite na radnu površinu i mijesite ručno 10 minuta, dok ne dobijete mekano, elastično tijesto koje se ne lijepi. Vratite tijesto u zdjelu, pokrijte ga kuhinjskom krpom i ostavite da se diže na sobnoj temperaturi dok se ne udvostruči, 1 do 1½ sat.

c) Ponovno mijesite da izbacite zrak. Tijesto podijelite na 6 jednakih dijelova i svaki razvaljajte u kuglu. Stavite na lagano pobrašnjenu površinu, pokrijte ručnikom i ostavite da se diže 30 minuta.

d) Za pripremu nadjeva pomiješajte sve sastojke osim jaja i maslinovog ulja i dobro promiješajte. Stavite lim za pečenje u pećnicu i zagrijte je na 425°F / 220°C.

e) Na dobro pobrašnjenoj površini razvaljajte kuglice tijesta u krugove promjera 6½ inča / 16 cm i debljine oko ⅙ inča / 2 mm. To možete učiniti valjkom za tijesto ili razvlačeći ga rukama.

f) Žlicom stavite otprilike šestinu nadjeva od sira na sredinu svakog kruga i lagano ga rasporedite lijevo i desno tako da skoro dopire do dva ruba kruga. Uzmite desnu i lijevu stranu prstima i stisnite ih dok malo rastežete tijesto kako biste dobili duguljasto pecivo u obliku čamca sa sirom u sredini. Poravnajte bočne stijenke i pokušajte ih napraviti najmanje 1¼ inča / 3 cm visoke i široke, tako da u sredini bude dovoljno prostora za držanje sira kao i cijelog jajeta koje ćete kasnije dodati. Ponovno stisnite krajeve kako se ne bi otvorili tijekom kuhanja.

g) Premažite kiflice preostalom polovicom jajeta i stavite ih na lim za pečenje veličine vašeg pleha. Rolice pospite lističima timijana. Izvadite lim za pečenje iz pećnice, na tepsiju brzo stavite papir za pečenje i kiflice i vratite tepsiju ravno u pećnicu. Pecite 15 minuta, dok rubovi ne dobiju zlatnu boju.

h) Izvadite lim za pečenje iz pećnice. Razbijte jaje u malu šalicu. Ne razbijajući ga, prstima nježno podignite žumanjak i stavite ga na sredinu jednog od kolutića. Ulijte bjelanjaka koliko stane, pa ponovite s preostalim jajima i kiflicama. Ne brinite ako se bjelanjak razlije; sve je to dio rustikalnog šarma. Vratite tepsiju u pećnicu i pecite 5 minuta. Bjelanjci se trebaju stisnuti, a žumanjci ostati tekući. Ostavite da se ohladi 5 minuta prije nego što pokapate maslinovim uljem, pospite solju i poslužite.

3. Shakshuka

Čini: 2 DO 4

SASTOJCI
- 2 žlice maslinovog ulja
- 2 žlice Pilpelchuma ili harissa (kupite u trgovini ili pogledajte recept)
- 2 žličice paste od rajčice
- 2 velike crvene paprike, narezane na kockice od ¼ inča / 0,5 cm (2 šalice / 300 g ukupno)
- 4 češnja češnjaka, sitno nasjeckana
- 1 žličica mljevenog kumina
- 5 velikih, vrlo zrelih rajčica, nasjeckanih (5 šalica / 800 g ukupno); konzervirane su također u redu
- 4 velika jaja slobodnog uzgoja plus 4 žumanjka
- ½ šalice / 120 g labneha (kupljenog ili pogledajte recept) ili gustog jogurta
- sol

UPUTE
a) Zagrijte maslinovo ulje u velikoj tavi na srednje jakoj vatri i dodajte pilpelchumu ili harissu, pastu od rajčice, papriku, češnjak, kumin i ¾ žličice soli. Promiješajte i kuhajte na srednjoj vatri oko 8 minuta da paprike omekšaju. Dodajte rajčice, lagano kuhajte i kuhajte još 10 minuta dok ne dobijete prilično gust umak. Okus za začin.

b) Napravite 8 malih umaka u umak. Nježno razbijte jaja i pažljivo ulijte svako u svoj umak. Isto napravite i sa žumanjcima. Bjelanjke s umakom malo promiješati vilicom, pazeći da se žumanjci ne razbiju. Lagano kuhajte 8 do 10 minuta, dok se bjelanjci ne stvrdnu, a žumanjci još tekući (možete pokriti tavu poklopcem ako želite ubrzati proces).

c) Maknite s vatre, ostavite nekoliko minuta da se slegne, zatim žlicom rasporedite u pojedinačne tanjure i poslužite uz labneh ili jogurt.

4. Pirjana jaja s janjetinom, tahinijem i sumakom

Proizvodi: 4

SASTOJCI
- 1 žlica maslinovog ulja
- 1 veliki luk, sitno nasjeckan (1¼ šalice / 200 g ukupno)
- 6 češnja češnjaka narezanog na tanke ploške
- 10 oz / 300 g mljevene janjetine
- 2 žličice sumaka, plus još za kraj
- 1 žličica mljevenog kumina
- ½ šalice / 50 g prženih neslanih pistacija, zdrobljenih
- 7 žlica / 50 g prženih pinjola
- 2 žličice harissa paste (kupljene u trgovini ili pogledajte recept)
- 1 žlica sitno nasjeckane konzervirane limunove korice (kupljene u trgovini ili pogledajte recept)
- 1⅓ šalice / 200 g cherry rajčica
- ½ šalice / 120 ml pilećeg temeljca
- 4 velika jaja slobodnog uzgoja
- ¼ šalice / 5 g ubranih listova cilantra ili 1 žlica Zhouga
- sol i svježe mljeveni crni papar

UMAK OD JOGURT
- ½ šalice / 100 g grčkog jogurta
- 1½ žlice / 25 g tahini paste
- 2 žlice svježe iscijeđenog soka od limuna
- 1 žlica vode

UPUTE
a) Zagrijte maslinovo ulje na srednje jakoj vatri u srednjoj tavi s debelim dnom za koju imate poklopac koji čvrsto prianja. Dodajte luk i češnjak i pirjajte 6 minuta da omekšaju i malo oboje. Pojačajte vatru, dodajte janjetinu i dobro zapržite, 5 do 6 minuta. Začinite rujem, kuminom, ¾ žličice soli i malo crnog papra i kuhajte još jednu minutu. Ugasite vatru, umiješajte orašaste plodove, harissu i sačuvani limun te ostavite sa strane.

b) Dok se luk kuha, zagrijte zasebnu malu tavu od lijevanog željeza ili drugu tešku tavu na jakoj vatri. Kad se zagriju, dodajte cherry rajčice i pougljenite ih 4 do 6 minuta, povremeno ih bacajući u tavu, dok malo ne pocrne izvana. Staviti na stranu.

c) Umak od jogurta pripremite tako da sve sastojke pomiješate s prstohvatom soli. Mora biti gusta i bogata, ali možda ćete morati dodati malo vode ako je kruta.

d) U ovoj fazi možete ostaviti meso, rajčice i umak do sat vremena. Kada ste spremni za posluživanje, ponovno zagrijte meso, dodajte pileći temeljac i pustite da prokuha. U smjesi napravite 4 mala udubljenja i u svako razbijte jaje. Poklopite tavu i kuhajte jaja na laganoj vatri 3 minute. Stavite rajčice na vrh, izbjegavajući žumanjke, ponovno pokrijte i kuhajte 5 minuta, dok se bjelanjci ne skuhaju, a žumanjci još tekući.

e) Uklonite s vatre i pospite komadićima umaka od jogurta, pospite sumakom i završite cilantrom. Poslužite odmah.

STARTERI

5. Osnovni hummus

Proizvodi: 6

SASTOJCI

- 1¼ šalice / 250 g sušenog slanutka
- 1 žličica sode bikarbone
- 6½ šalica / 1,5 litara vode
- 1 šalica plus 2 žlice / 270 g svijetle tahini paste
- 4 žlice svježe iscijeđenog soka od limuna
- 4 češnja češnjaka, zgnječena
- 6½ žlica / 100 ml ledeno hladne vode
- sol

UPUTE

a) Večer prije stavite slanutak u veću zdjelu i prelijte ga hladnom vodom barem dvostrukom količinom. Ostavite da se namače preko noći.

b) Sutradan slanutak ocijedite. Stavite srednju tavu na jaku vatru i dodajte ocijeđeni slanutak i sodu bikarbonu. Kuhajte oko 3 minute uz stalno miješanje. Dodajte vodu i pustite da zavrije. Kuhajte, skidajući pjenu i kožice koje isplivaju na površinu. Slanutak će se trebati kuhati između 20 i 40 minuta, ovisno o vrsti i svježini, ponekad i duže. Nakon što su gotovi, trebali bi biti vrlo mekani, lako se raspadati kada ih pritisnete između palca i prsta, gotovo, ali ne sasvim kašasti.

c) Ocijedite slanutak. Sada biste trebali imati otprilike 3⅔ šalice / 600 g. Stavite slanutak u multipraktik i procedite dok ne dobijete čvrstu pastu. Zatim, dok stroj još radi, dodajte tahini pastu, limunov sok, češnjak i 1½ žličice soli. Na kraju polako ulijte u ledenu vodu i ostavite da se miješa oko 5 minuta, dok ne dobijete vrlo glatku i kremastu pastu.

d) Prebacite humus u zdjelu, pokrijte površinu plastičnom folijom i ostavite da odstoji najmanje 30 minuta. Ako ne upotrijebite odmah, stavite u hladnjak dok ne zatreba. Obavezno ga izvadite iz hladnjaka barem 30 minuta prije posluživanja.

6. Hummus kawarma (janjetina) s umakom od limuna

Proizvodi: 6

SASTOJCI
KAWARMA
- 10½ oz / 300 g filea janjećeg vrata, ručno sitno nasjeckanog
- ¼ žličice svježe mljevenog crnog papra
- ¼ žličice svježe mljevenog bijelog papra
- 1 žličica mljevene pimente
- ½ žličice mljevenog cimeta
- dobar prstohvat svježe ribanog muškatnog oraščića
- 1 žličica zdrobljenih suhih listova za'atara ili origana
- 1 žlica bijelog vinskog octa
- 1 žlica nasjeckane metvice
- 1 žlica nasjeckanog plosnatog peršina
- 1 žličica soli
- 1 žlica neslanog maslaca ili gheeja
- 1 žličica maslinovog ulja

UMAK OD LIMUNA
- ⅓ oz / 10 g plosnatog peršina, sitno nasjeckanog
- 1 zeleni čili, sitno nasjeckan
- 4 žlice svježe iscijeđenog soka od limuna
- 2 žlice bijelog vinskog octa
- 2 češnja češnjaka, zgnječena
- ¼ žličice soli

UPUTE
a) Da biste napravili kawarmu, stavite sve sastojke osim maslaca ili gheeja i ulja u srednju zdjelu. Dobro promiješajte, poklopite i ostavite smjesu da se marinira u hladnjaku 30 minuta.

b) Neposredno prije nego što budete spremni kuhati meso, stavite sve sastojke za umak od limuna u malu zdjelu i dobro promiješajte.

c) Zagrijte maslac ili ghee i maslinovo ulje u velikoj tavi na srednje jakoj vatri. Dodajte meso u dva ili tri dijela i miješajte dok pržite svaki dio 2 minute. Meso treba biti svijetlo roze u sredini.
d) Podijelite humus u 6 pojedinačnih plitkih posuda, ostavljajući malu udubinu u sredini svake. Toplu kawarmu žlicom stavljajte u udubinu i pospite odvojenim slanutkom.
e) Obilno pokapajte umakom od limuna i ukrasite malo peršina i pinjolima.

7. <u>Cigla</u>

Proizvodi: 2

SASTOJCI
- oko 1 šalica / 250 ml suncokretovog ulja
- 2 kruga feuilles de brick peciva, 10 do 12 inča / 25 do 30 cm u promjeru
- 3 žlice nasjeckanog plosnatog peršina
- 1½ žlice nasjeckanog mladog luka, zeleni i bijeli dio
- 2 velika jaja iz slobodnog uzgoja
- sol i svježe mljeveni crni papar

UPUTE
a) Ulijte suncokretovo ulje u srednju posudu za umake; trebao bi biti oko ¾ inča / 2 cm uz rubove posude. Stavite na srednju vatru i ostavite dok se ulje ne zagrije. Ne želite da bude prevruće jer će inače pecivo zagorjeti prije nego se jaje skuha; sićušni mjehurići počet će izlaziti na površinu kada dosegne pravu temperaturu.

b) Stavite jedan od krugova tijesta u plitku zdjelu. (Možete koristiti veći komad ako ne želite potrošiti puno tijesta i napuniti ga više.) Morat ćete raditi brzo kako se tijesto ne bi osušilo i postalo tvrdo. U sredinu kruga stavite pola peršina i pospite polovicom mladog luka. Napravite malo gnijezdo u koje ćete staviti jaje, a zatim pažljivo razbijte jaje u gnijezdo. Obilno pospite solju i paprom i savijte stranice tijesta kako biste stvorili komad. Četiri nabora će se preklapati tako da jaje bude potpuno zatvoreno. Ne možete zatvoriti tijesto, ali uredan nabor trebao bi zadržati jaje unutra.

c) Pažljivo okrenite paket i nježno ga stavite u ulje, zatvorenom stranom prema dolje. Pecite 60 do 90 sekundi sa svake strane, dok tijesto ne porumeni. Bjelanjak bi trebao biti stvrdnut, a žumanjak još tekući. Pečeni komad izvadite iz ulja i stavite između papirnatih ručnika da upiju višak ulja. Držite na toplom dok pečete drugo pecivo. Poslužite oba paketa odjednom.

8. Sfiha ili Lahm Bi'ajeen

Pravi: OKO 14 PECIVA

PRELJEV

SASTOJCI
- 250 g mljevene janjetine
- 1 veća glavica luka, sitno nasjeckana (1 velika šalica / 180 g ukupno)
- 2 srednje rajčice, sitno nasjeckane (1½ šalice / 250 g)
- 3 žlice svijetle tahini paste
- 1¼ žličice soli
- 1 žličica mljevenog cimeta
- 1 žličica mljevene pimente
- ⅛ žličice kajenskog papra
- 1 oz / 25 g ravnog peršina, nasjeckanog
- 1 žlica svježe iscijeđenog soka od limuna
- 1 žlica melase od nara
- 1 žlica sumaka
- 3 žlice / 25 g pinjola
- 2 limuna, izrezana na kriške

TIJESTO
- 1⅔ šalice / 230 g brašna za kruh
- 1½ žlice mlijeka u prahu
- ½ žlice soli
- 1½ žličice brzorastućeg aktivnog suhog kvasca
- ½ žličice praška za pecivo
- 1 žlica šećera
- ½ šalice / 125 ml suncokretovog ulja
- 1 veliko jaje slobodnog uzgoja
- ½ šalice / 110 ml mlake vode
- maslinovo ulje, za četkanje

UPUTE

a) Počnite s tijestom. U veću zdjelu za miješanje stavite brašno, mlijeko u prahu, sol, kvasac, prašak za pecivo i šećer. Dobro promiješajte da se sjedini, a zatim napravite udubinu u sredini. Stavite suncokretovo ulje i jaje u jamicu, zatim miješajte dok dodajete vodu. Kada se tijesto sjedini, prebacite ga na radnu površinu i mijesite 3 minute, dok ne bude elastično i jednolično. Stavite u zdjelu, premažite maslinovim uljem, pokrijte ručnikom na toplom mjestu i ostavite 1 sat, tada se tijesto trebalo malo dići.

b) U zasebnoj zdjeli rukama pomiješajte sve sastojke za preljev osim pinjola i kriški limuna. Staviti na stranu.

c) Zagrijte pećnicu na 450°F / 230°C. Obložite veliki pleh papirom za pečenje.

d) Dignuto tijesto podijelite na kuglice od 50 g; trebali biste imati oko 14. Svaku kuglicu razvaljajte u krug promjera oko 5 inča / 12 cm i debljine ⅙ inča / 2 mm. Svaki krug malo premažite s obje strane maslinovim uljem i stavite u lim za pečenje. Pokrijte i ostavite da se diže 15 minuta.

e) Žlicom rasporedite nadjev po pecivima i ravnomjerno ga rasporedite tako da u potpunosti prekrije tijesto. Pospite pinjolima. Ostavite sa strane da se diže još 15 minuta, a zatim stavite u pećnicu oko 15 minuta, dok se ne skuha. Želite biti sigurni da je pecivo samo pečeno, a ne prepečeno; preljev treba biti blago ružičast iznutra, a pecivo zlatno s donje strane. Izvadite iz pećnice i poslužite toplo ili na sobnoj temperaturi s kriškama limuna.

9. Falafel

Izrađuje: OKO 20 LOPTI

SASTOJCI
- 1¼ šalice / 250 g sušenog slanutka
- ½ srednjeg luka, sitno nasjeckanog (½ šalice / 80 g ukupno)
- 1 češanj češnjaka, zgnječen
- 1 žlica sitno nasjeckanog plosnatog peršina
- 2 žlice sitno nasjeckanog cilantra
- ¼ žličice kajenskog papra
- ½ žličice mljevenog kumina
- ½ žličice mljevenog korijandera
- ¼ žličice mljevenog kardamoma
- ½ žličice praška za pecivo
- 3 žlice vode
- 1½ žlice višenamjenskog brašna
- oko 3 šalice / 750 ml suncokretovog ulja, za prženje u dubokom ulju
- ½ žličice sjemenki sezama, za premazivanje
- sol

UPUTE
a) Stavite slanutak u veliku zdjelu i prelijte hladnom vodom najmanje duplo više od volumena. Ostavite sa strane da se namače preko noći.

b) Sljedeći dan slanutak dobro ocijedite i pomiješajte s lukom, češnjakom, peršinom i cilantrom. Za najbolje rezultate koristite stroj za mljevenje mesa za sljedeći dio. Smjesu od slanutka jednom provucite kroz stroj, postavite na najfiniji stupanj, zatim provucite kroz stroj drugi put. Ako nemate stroj za mljevenje mesa, poslužite se kuhačom. Miješajte smjesu u serijama, pulsirajući svaki 30 do 40 sekundi, dok ne postane fino nasjeckana, ali ne kašasta ili tijesta, i dok se ne drži zajedno. Kad je obrađeno, dodajte začine, prašak za pecivo, ¾ žličice soli, brašno i vodu. Dobro izmiješajte rukom dok ne postane glatko i jednolično. Pokrijte smjesu i ostavite je u hladnjaku najmanje 1 sat, ili dok ne bude spremna za upotrebu.

c) Napunite duboku tavu srednje veličine s debelim dnom s dovoljno ulja da dođe do 2¾ inča / 7 cm do stijenki tave. Zagrijte ulje na 350°F / 180°C.

d) Mokrim rukama utisnite 1 žlicu smjese u dlan kako biste oblikovali pljeskavicu ili kuglicu veličine malog oraha, oko 25 g (za to možete koristiti i mokru žlicu za sladoled).

e) Ravnomjerno pospite kuglice sezamovim sjemenkama i pržite ih u porcijama 4 minute dok dobro ne porumene i ne budu pečene. Važno je da se stvarno osuše iznutra, pa se pobrinite da ostanu dovoljno vremena u ulju. Ocijedite u cjedilu obloženom papirnatim ručnicima i odmah poslužite.

10. A'ja (popečci od kruha)

Izrađuje: OKO 8 FRITUTICA

SASTOJCI
- 4 kriške bijelog kruha, uklonjene kore (3 oz / 80 g ukupno)
- 4 ekstra velika jaja iz slobodnog uzgoja
- 1½ žličice mljevenog kumina
- ½ žličice slatke paprike
- ¼ žličice kajenskog papra
- 25 g nasjeckanog vlasca
- 1 oz / 25 g ravnog peršina, nasjeckanog
- ⅓ oz / 10 g nasjeckanog estragona
- 1½ oz / 40 g feta sira, izmrvljenog
- suncokretovo ulje, za prženje
- sol i svježe mljeveni crni papar

UPUTE
a) Kruh namočite u puno hladne vode 1 minutu, zatim dobro ocijedite.

b) Izmrvite namočeni kruh u srednju zdjelu, zatim dodajte jaja, začine, ½ žličice soli i ¼ žličice papra i dobro umutite. Pomiješajte nasjeckano bilje i fetu.

c) Zagrijte 1 žlicu ulja u srednjoj tavi na srednje jakoj vatri. Žlicom stavite oko 3 žlice smjese u sredinu posude za svaki popeč i poravnajte je donjom stranom žlice; popečci trebaju biti debljine ¾ do 1¼ inča / 2 do 3 cm. Pržite popečke 2 do 3 minute sa svake strane, dok ne porumene. Ponovite s preostalim tijestom. Trebali biste dobiti oko 8 fritula.

d) Alternativno, možete ispeći svo tijesto odjednom, kao što biste pržili veliki omlet. Narežite i poslužite toplo ili na sobnoj temperaturi.

11. Popečci od blitve

Čini: 4 KAO POČETAK

SASTOJCI
- 14 oz / 400 g listova blitve, uklonjenih bijelih peteljki
- 1 oz / 30 g ravnog peršina
- ⅔ oz / 20 g cilantra
- ⅔ oz / 20 g kopra
- 1½ žličice naribanog muškatnog oraščića
- ½ žličice šećera
- 3 žlice višenamjenskog brašna
- 2 češnja češnjaka, zgnječena
- 2 velika jaja iz slobodnog uzgoja
- 80 g feta sira, izlomljenog na male komadiće
- 4 žlice / 60 ml maslinovog ulja
- 1 limun, izrezan na 4 kriške
- sol i svježe mljeveni crni papar

UPUTE
a) Zakuhajte veliku posoljenu vodu, dodajte blitvu i kuhajte 5 minuta. Ocijedite listove i dobro ih ocijedite dok se potpuno ne osuše. Stavite u multipraktik zajedno sa začinskim biljem, muškatnim oraščićem, šećerom, brašnom, češnjakom, jajima, ¼ žličice soli i malo crnog papra. Miješajte dok ne postane glatko, a zatim ručno umiješajte fetu kroz smjesu.

b) U srednju tavu ulijte 1 žlicu ulja. Stavite na srednje jaku vatru i žlicom dodajte punu žlicu smjese za svaki popeč. Lagano pritisnite kako biste dobili fritulu širine 2¾ inča / 7 cm i debljine ⅜ inča / 1 cm. Trebali biste moći smjestiti otprilike 3 fritule odjednom. Pecite popečke ukupno 3 do 4 minute uz jednom okretanje dok ne poprime boju.

c) Prebacite na papirnate ručnike, a zatim držite svaku porciju na toplom dok kuhate preostalu smjesu, dodajući preostalo ulje po potrebi. Poslužite odmah s kriškama limuna.

12. Musabaha (topli slanutak s humusom) i tostirana pita

Proizvodi: 6

SASTOJCI
- 1¼ šalice / 250 g sušenog slanutka
- 1 žličica sode bikarbone
- 1 žlica mljevenog kumina
- 4½ žlice / 70 g svijetle tahini paste
- 3 žlice svježe iscijeđenog soka od limuna
- 1 češanj češnjaka, zgnječen
- 2 žlice ledeno hladne vode
- 4 male pita (ukupno 120 g)
- 2 žlice maslinovog ulja
- 2 žlice nasjeckanog plosnatog peršina
- 1 žličica slatke paprike
- sol i svježe mljeveni crni papar

TAHINI UMAK
- 5 žlica / 75 g svijetle tahini paste
- ¼ šalice / 60 ml vode
- 1 žlica svježe iscijeđenog soka od limuna
- ½ režnja češnjaka, zgnječenog

UMAK OD LIMUNA
- ⅓ oz / 10 g plosnatog peršina, sitno nasjeckanog
- 1 zeleni čili, sitno nasjeckan
- 4 žlice svježe iscijeđenog soka od limuna
- 2 žlice bijelog vinskog octa
- 2 češnja češnjaka, zgnječena
- ¼ žličice soli

UPUTE

a) Slijedite osnovni recept za hummus za način namakanja i kuhanja slanutka, ali ga kuhajte malo manje; trebali bi imati malo otpora u sebi, ali još uvijek biti potpuno kuhani. Ocijedite kuhani slanutak, ⅓ šalice / 450 g) sa sačuvanom vodom za kuhanje, kuminom, ½ žličice soli i ¼ žličice papra. Ostavite smjesu na toplom.

b) Preostali slanutak (1 šalica / 150 g) stavite u mali multipraktik i miješajte dok ne dobijete čvrstu pastu. Zatim, dok stroj još radi, dodajte tahini pastu, limunov sok, češnjak i ½ žličice soli. Na kraju polako ulijte u ledenu vodu i miješajte oko 3 minute, dok ne dobijete vrlo glatku i kremastu pastu. Humus ostavite sa strane.

c) Dok se slanutak kuha, možete pripremiti ostale elemente jela. Za tahini umak stavite sve sastojke i prstohvat soli u manju posudu. Dobro promiješajte i po potrebi dodajte još malo vode da dobijete malo tekućiju konzistenciju od meda.

d) Zatim pomiješajte sve sastojke za umak od limuna i ostavite sa strane.

e) Na kraju otvorite pitas, razdvojite dvije strane. Stavite pod vrući brojler na 2 minute, dok ne porumene i potpuno se osuše. Ostavite da se ohladi prije nego što ga razlomite na komade neobičnog oblika.

f) Podijelite humus u četiri pojedinačne plitke zdjele; nemojte ga poravnati ili pritisnuti, želite visinu. Žlicom prelijte topli slanutak, zatim tahini umak, umak od limuna i malo maslinovog ulja. Ukrasite peršinom i malo paprike i poslužite uz tostirane komade pite.

13. Dunje punjene janjetinom s narom i cilantrom

Proizvodi: 4

SASTOJCI

- 14 oz / 400 g mljevene janjetine
- 1 češanj češnjaka, zgnječen
- 1 crveni čili, nasjeckan
- ⅔ oz / 20 g cilantra, nasjeckanog, plus 2 žlice, za ukrašavanje
- ½ šalice / 50 g krušnih mrvica
- 1 žličica mljevene pimente
- 2 žlice sitno naribanog svježeg đumbira
- 2 srednje glavice luka, sitno nasjeckane (1⅓ šalice / 220 g ukupno)
- 1 veliko jaje slobodnog uzgoja
- 4 dunje (2¾ lb / 1,3 kg ukupno)
- sok od ½ limuna, plus 1 žlica svježe iscijeđenog soka od limuna
- 3 žlice maslinovog ulja
- 8 mahuna kardamoma
- 2 žličice melase od nara
- 2 žličice šećera
- 2 šalice / 500 ml pilećeg temeljca
- sjemenke ½ nara
- sol i svježe mljeveni crni papar

UPUTE

a) Stavite janjetinu u zdjelu za miješanje zajedno s češnjakom, čilijem, cilantrom, krušnim mrvicama, pimentom, polovicom đumbira, polovicom luka, jajetom, ¾ žličice soli i malo papra. Dobro izmiješajte rukama i ostavite sa strane.

b) Dunje ogulite i prepolovite po dužini. Stavite ih u zdjelu hladne vode sa sokom od ½ limuna da ne porumene. Upotrijebite kuglicu za dinju ili malu žličicu da uklonite sjemenke, a zatim izdubite polovice dunje tako da vam ostane ljuska od ⅔ inča / 1,5 cm. Zadržite izdubljeno meso. Napunite udubine smjesom od janjetine, rukama je gurajući prema dolje.

c) Zagrijte maslinovo ulje u velikoj tavi za koju imate poklopac. Stavite rezervirano meso dunje u multipraktik, popržite da se dobro nasjecka, a zatim smjesu prebacite u tavu zajedno s preostalim lukom, đumbirom i mahunama kardamoma. Pirjajte 10 do 12 minuta, dok luk ne omekša. Dodajte melasu, 1 žlicu limunovog soka, šećer, temeljac, ½ žličice soli i malo crnog papra i dobro promiješajte. U umak dodajte polovice dunja, s nadjevom od mesa prema gore, smanjite vatru na lagano kuhanje, poklopite posudu i kuhajte oko 30 minuta. Na kraju dunja treba biti potpuno mekana, meso dobro pečeno, a umak gust. Podignite poklopac i pirjajte minutu-dvije da se umak smanji ako je potrebno.

d) Poslužite toplo ili na sobnoj temperaturi, posuto cilantrom i sjemenkama nara.

14. Latkes

Pravi: 12 LATKE

SASTOJCI
- 5½ šalice / 600 g oguljenih i naribanih prilično voštanih krumpira kao što je Yukon Gold
- 2¾ šalice / 300 g oguljenog i naribanog pastrnjaka
- ⅔ šalice / 30 g vlasca, sitno nasjeckanog
- 4 bjelanjka
- 2 žlice kukuruznog škroba
- 5 žlica / 80 g neslanog maslaca
- 6½ žlica / 100 ml suncokretovog ulja
- sol i svježe mljeveni crni papar
- kiselo vrhnje, za posluživanje

UPUTE
a) Isperite krumpir u velikoj zdjeli hladne vode. Ocijedite u cjedilu, ocijedite višak vode, a zatim raširite krumpir na čisti kuhinjski ubrus da se potpuno osuši.
b) U velikoj zdjeli pomiješajte krumpir, pastrnjak, vlasac, bjelanjke, kukuruzni škrob, 1 žličicu soli i dosta crnog papra.
c)
d) Zagrijte pola maslaca i pola ulja u velikoj tavi na srednje jakoj vatri. Rukama izvadite dijelove od otprilike 2 žlice mješavine latkea, čvrsto stisnite kako biste uklonili nešto tekućine i oblikujte tanke pljeskavice debljine oko 3/8 inča / 1 cm i promjera 3¼ inča / 8 cm. Pažljivo stavite onoliko latkesa koliko možete udobno smjestiti u tavu, nježno ih gurnite prema dolje i poravnajte stražnjom stranom žlice. Pržite na srednje jakoj vatri 3 minute sa svake strane. Latke moraju biti potpuno smeđe izvana. Pržene latkes izvadite iz ulja, stavite na papirnate ubruse i držite na toplom dok kuhate ostatak. Po potrebi dodajte preostali maslac i ulje. Poslužite odmah s kiselim vrhnjem sa strane.

15. "Kolač" od repe i teletine

Proizvodi: 4

SASTOJCI
- 1⅔ šalice / 300 g basmati riže
- 400 g mljevene teletine, janjetine ili junetine
- ½ šalice / 30 g nasjeckanog ravnog peršina
- 1½ žličice baharat mješavine začina (kupite u trgovini ili pogledajte recept)
- ½ žličice mljevenog cimeta
- ½ žličice čili pahuljica
- 2 žlice maslinovog ulja
- 10 do 15 srednjih repa (3¼ lb / 1,5 kg ukupno)
- oko 1⅔ šalice / 400 ml suncokretovog ulja
- 2 šalice / 300 g nasjeckanih rajčica, u redu su iz konzerve
- 1½ žlice paste od tamarinda
- ¾ šalice plus 2 žlice / 200 ml pilećeg temeljca, vrućeg
- 1 šalica / 250 ml vode
- 1½ žlice najfinijeg šećera
- 2 grančice majčine dušice, ubrani listovi
- sol i svježe mljeveni crni papar

UPUTE

a) Rižu operite i dobro ocijedite. Stavite u veliku zdjelu za miješanje i dodajte meso, peršin, baharat, cimet, 2 žličice soli, ½ žličice papra, čili i maslinovo ulje. Dobro izmiješajte i ostavite sa strane.

b) Ogulite repu i narežite je na kriške debljine ⅜ inča / 1 cm. Zagrijte dovoljno suncokretovog ulja na srednje jakoj vatri da dostigne ¾ inča / 2 cm uz rubove velike tave. Pržite kriške repe u serijama 3 do 4 minute po seriji, dok ne porumene. Prebacite na tanjur obložen papirnatim ručnicima, pospite s malo soli i ostavite da se ohladi.

c) Stavite rajčice, tamarind, temeljac, vodu, šećer, 1 žličicu soli i ½ žličice papra u veliku zdjelu za miješanje. Dobro umutiti. Ulijte otprilike jednu trećinu te tekućine u srednju posudu za umake s debelim dnom (9½ inča / 24 cm u promjeru). Unutra posložite jednu trećinu ploški repe. Dodajte pola smjese riže i poravnajte. Posložite još jedan sloj repe, a zatim drugu polovicu riže. Završite s posljednjom repicom, lagano pritiskajući rukama. Slojeve repe i riže prelijte preostalom tekućinom od rajčice i pospite timijanom. Lagano klizite lopaticom niz stijenke lonca kako bi sokovi potekli na dno.

d) Stavite na srednju vatru i zakuhajte. Smanjite vatru na apsolutni minimum, poklopite i kuhajte 1 sat. Skinite s vatre, otkrijte i ostavite da odstoji 10 do 15 minuta prije posluživanja. Nažalost, kolač je nemoguće preokrenuti na tanjur jer ne drži oblik pa se mora vaditi žlicom.

16. Punjeni luk

Radi: OKO 16 PUNJENIH GLAVA LUKA

SASTOJCI
- 4 velika luka (2 lb / 900 g ukupno, oguljena težina) oko 1⅔ šalice / 400 ml temeljca od povrća
- 1½ žlice melase od nara
- sol i svježe mljeveni crni papar
- PUNJENJE
- 1½ žlice maslinovog ulja
- 1 šalica / 150 g sitno nasjeckane ljutike
- ½ šalice / 100 g riže kratkog zrna
- ¼ šalice / 35 g zdrobljenih pinjola
- 2 žlice nasjeckane svježe metvice
- 2 žlice nasjeckanog plosnatog peršina
- 2 žličice sušene metvice
- 1 žličica mljevenog kumina
- ⅛ žličice mljevenog klinčića
- ¼ žličice mljevene pimente
- ¾ žličice soli
- ½ žličice svježe mljevenog crnog papra
- 4 kriške limuna (po želji)

UPUTE

a) Ogulite i odrežite oko ¼ inča / 0,5 cm vrhova i repova luka, stavite narezani luk u veliki lonac s puno vode, zakuhajte i kuhajte 15 minuta. Ocijedite i ostavite sa strane da se ohladi.

b) Za pripremu nadjeva zagrijte maslinovo ulje u srednjoj tavi na srednje jakoj vatri i dodajte ljutiku. Pirjajte 8 minuta, često miješajući, a zatim dodajte sve preostale sastojke osim kriški limuna. Smanjite vatru i nastavite kuhati uz miješanje 10 minuta.

c) Koristeći mali nož, napravite dugačak rez od vrha luka prema dnu, sve do središta, tako da svaki sloj luka ima samo jedan prorez kroz njega. Počnite nježno odvajati slojeve luka, jedan za drugim, dok ne dođete do jezgre. Ne brinite ako se neki od slojeva malo pokidaju tijekom pilinga; još uvijek ih možete koristiti.

d) Držite sloj luka u jednoj šaci i žlicom stavite otprilike 1 žlicu mješavine riže na polovicu luka, stavljajući nadjev blizu jednog kraja otvora. Nemojte doći u iskušenje da ga još napunite jer mora biti lijepo i udobno zamotan. Preklopite praznu stranu luka preko strane s nadjevom i čvrsto zarolajte tako da riža bude prekrivena s nekoliko slojeva luka bez zraka u sredini. Stavite u srednju tavu za prženje za koju imate poklopac, šavom prema dolje, i nastavite s preostalim lukom i mješavinom riže. Luk poslažite jedan do drugog u tavu, tako da nema mjesta za pomicanje. Eventualne prostore ispunite dijelovima luka koji nisu punjeni. Dodajte toliko temeljca da luk bude pokriven tri četvrtine, zajedno s melasom od nara i začinite s ¼ žličice soli.

e) Poklopite posudu i kuhajte na najslabijoj mogućoj vatri 1½ do 2 sata, dok tekućina ne ispari. Poslužite toplo ili na sobnoj temperaturi, po želji s kriškama limuna.

17. Otvori Kibbeh

Proizvodi: 6

SASTOJCI
- 1 šalica / 125 g finog bulgur pšenice
- 1 šalica / 200 ml vode
- 6 žlica / 90 ml maslinovog ulja
- 2 češnja češnjaka, zgnječena
- 2 srednje glavice luka, sitno nasjeckane
- 1 zeleni čili, sitno nasjeckan
- 12 oz / 350 g mljevene janjetine
- 1 žličica mljevene pimente
- 1 žličica mljevenog cimeta
- 1 žličica mljevenog korijandera
- 2 žlice grubo nasjeckanog cilantra
- ½ šalice / 60 g pinjola
- 3 žlice krupno nasjeckanog plosnatog peršina
- 2 žlice samodizajućeg brašna, plus malo više ako je potrebno
- 3½ žlice / 50 g svijetle tahini paste
- 2 žličice svježe iscijeđenog soka od limuna
- 1 žličica sumaka
- sol i svježe mljeveni crni papar

UPUTE
a) Zagrijte pećnicu na 400°F / 200°C. Obložite tavu s oprugom od 8 inča / 20 cm voštanim papirom.

b) Stavite bulgur u veliku zdjelu i prelijte ga vodom. Ostavite 30 minuta.

c) U međuvremenu zagrijte 4 žlice maslinovog ulja u velikoj tavi na srednje jakoj vatri. Pirjajte češnjak, luk i čili dok potpuno ne omekšaju. Maknite sve iz tave, vratite na jaku vatru i dodajte janjetinu. Kuhajte 5 minuta uz stalno miješanje dok ne poprimi smeđu boju.

d) Vratite smjesu luka u tavu i dodajte začine, cilantro, ½ žličice soli, obilato mljevenog crnog papra i većinu pinjola i peršina, a dio ostavite sa strane. Kuhajte par minuta, maknite s vatre, kušajte i začinite.

e) Provjerite je li bulgur upio svu vodu. Ocijedite kako biste uklonili preostalu tekućinu. Dodajte brašno, 1 žlicu maslinovog ulja, ¼ žličice soli i prstohvat crnog papra i sve rukama izradite u gipku smjesu koja jednostavno drži zajedno; dodajte još malo brašna ako je smjesa jako ljepljiva. Čvrsto gurnite na dno posude s oprugom tako da bude zbijeno i izravnano. Odozgo ravnomjerno rasporedite janjeću smjesu i malo je pritisnite. Pecite oko 20 minuta, dok meso ne bude sasvim tamno smeđe i jako vruće.

f) Dok čekate, pomiješajte tahini pastu s limunovim sokom, 3½ žlice / 50 ml vode i prstohvatom soli. Tražite vrlo gust, a opet sipak umak. Ako je potrebno, dodajte još malo vode.

g) Izvadite kibbeh kolač iz pećnice, po vrhu ravnomjerno rasporedite tahini umak, pospite ostavljenim pinjolima i nasjeckanim peršinom te odmah vratite u pećnicu. Pecite 10 do 12 minuta, dok se tahini tek ne stegne i poprimi malo boje, a pinjoli ne porumene.

h) Izvadite iz pećnice i ostavite da se ohladi dok se ne zagrije ili na sobnoj temperaturi. Prije posluživanja, vrh pospite sumakom i pokapajte preostalim uljem. Pažljivo uklonite stranice tepsije i narežite kibbeh na ploške. Lagano ih podignite da se ne slome.

18. Isjeckana jetrica

Čini: 4 DO 6

SASTOJCI
- 6½ žlica / 100 ml otopljene guščje ili pačje masti
- 2 velika luka, narezana na ploške (oko 3 šalice / 400 g ukupno)
- 14 oz / 400 g pilećih jetrica, očišćenih i razlomljenih na komade od otprilike 1¼ inča / 3 cm
- 5 ekstra velikih jaja iz slobodnog uzgoja, tvrdo kuhana
- 4 žlice desertnog vina
- 1 žličica soli
- ½ žličice svježe mljevenog crnog papra
- 2 do 3 glavice mladog luka, tanko narezane
- 1 žlica nasjeckanog vlasca

UPUTE

a) U veliku tavu stavite dvije trećine guščje masti i pržite luk na srednje jakoj vatri 10 do 15 minuta uz povremeno miješanje dok ne poprimi tamno smeđu boju. Izvadite luk iz tave, pritom ga malo gurnite prema dolje, tako da vam ostane malo masnoće u tavi. Po potrebi dodajte malo masnoće. Dodajte jetrice i kuhajte ih do 10 minuta, miješajući s vremena na vrijeme, dok se ne ispeku u sredini—u ovoj fazi ne smije izlaziti krv.

b) Jetrica pomiješajte s lukom prije nego što ih zajedno nasjeckate. Najbolji način da to učinite je strojem za mljevenje mesa, obrađujući smjesu dva puta kako biste dobili pravu teksturu. Ako nemate stroj za mljevenje mesa, pogodan je i multipraktik. Napržite luk i jetru u dva ili tri dijela tako da zdjela stroja ne bude prepuna. Pulsirajte 20 do 30 sekundi, a zatim provjerite jesu li se jetra i luk pretvorili u jednolično glatku, ali još uvijek "neravnu" pastu. Sve prebacite u veliku zdjelu za miješanje.

c) Jaja ogulite, dva naribajte na grubo, a druga dva na sitno i dodajte u smjesu za jetrice. Dodajte preostalu masnoću, desertno vino, sol i papar i sve lagano promiješajte. Prebacite smjesu u nemetalnu ravnu posudu i čvrsto prekrijte površinu plastičnom folijom. Ostaviti da se ohladi pa staviti u frižider na najmanje 2 sata da se malo stegne.

d) Za posluživanje sitno nasjeckajte preostalo jaje. Žlicom rasporedite nasjeckana jetrica na pojedinačne tanjure za posluživanje, ukrasite nasjeckanim jajetom i pospite mladim lukom i vlascem.

19. Kubbeh hamusta

Proizvodi: 6

SASTOJCI

KUBBEH NADJEV
- 1½ žlice suncokretovog ulja
- ½ glavice luka, vrlo sitno nasjeckanog (½ šalice / 75 g ukupno)
- 12 oz / 350 g mljevene govedine
- ½ žličice mljevene pimente
- 1 veliki češanj češnjaka, zgnječen
- 2 stabljike svijetlog celera, vrlo sitno nasjeckane, ili jednaka količina nasjeckanog lišća celera (½ šalice / 60 g ukupno)
- sol i svježe mljeveni crni papar
- KUBBEH KUĆE
- 2 šalice / 325 g griza
- 5 žlica / 40 g višenamjenskog brašna
- 1 šalica / 220 ml vruće vode
- JUHA
- 4 češnja češnjaka, zgnječena
- 5 stabljika celera, ubranih listova i stabljika narezanih pod kutom na kriške od ⅔ inča / 1,5 cm (ukupno 2 šalice / 230 g)
- 10½ oz / 300 g listova blitve, samo zeleni dio, narezanih na trake od ⅔ inča / 2 cm
- 2 žlice suncokretovog ulja
- 1 veliki luk, krupno nasjeckan (1¼ šalice / 200 g ukupno)
- 2 litre / 2 litre pilećeg temeljca
- 1 velika tikvica, izrezana na kockice od ⅜ inča / 1 cm (1⅔ šalice / 200 g ukupno)
- 6½ žlica / 100 ml svježe iscijeđenog soka od limuna, plus dodatno ako je potrebno
- kriške limuna, za posluživanje

UPUTE
a) Prvo pripremite nadjev od mesa. U srednje jakoj tavi zagrijte ulje i dodajte luk. Kuhajte na srednjoj vatri dok ne postane prozirno, oko 5 minuta. Dodajte govedinu, piment, ¾ žličice soli i dobro mljeveni crni papar i miješajte dok kuhate 3 minute, samo da porumeni. Smanjite vatru na srednje nisku i pustite da se meso lagano kuha oko 20 minuta, dok se potpuno ne osuši, uz povremeno miješanje. Na kraju dodajte češnjak i celer, kuhajte još 3 minute i maknite s vatre. Kušajte i prilagodite začine. Ostaviti da se ohladi.

b) Dok se mješavina govedine kuha, pripremite kutije za kubbeh. Pomiješajte griz, brašno i ¼ žličice soli u velikoj zdjeli za miješanje. Postupno dodajte vodu, miješajte drvenom kuhačom, a zatim rukama dok ne dobijete ljepljivo tijesto. Pokrijte vlažnom krpom i ostavite da odstoji 15 minuta.

c) Tijesto mijesite nekoliko minuta na radnoj površini. Mora biti elastičan i razmaziv bez pucanja. Po potrebi dodajte malo vode ili brašna. Da biste napravili okruglice, uzmite posudu s vodom i navlažite ruke (pazite da su vam ruke mokre tijekom cijelog procesa kako biste spriječili lijepljenje). Uzmite komad tijesta težak oko 30 g i spljoštite ga na dlanu; ciljate na diskove promjera 4 inča / 10 cm. U sredinu stavite oko 2 žličice nadjeva. Presavijte rubove preko nadjeva da pokrijete i zatim ga zatvorite unutra. Kotrljajte kubbeh između ruku kako biste formirali loptu, a zatim je pritisnite prema dolje u okrugli, ravni oblik debljine oko 1¼ inča / 3 cm. Okruglice stavite na pleh obložen plastičnom folijom i podliven s malo vode i ostavite sa strane.

d) Za juhu stavite češnjak, polovicu celera i polovicu chardina u kuhač i umutite u grubu pastu. Zagrijte ulje u velikom loncu na srednje jakoj vatri i pirjajte luk oko 10 minuta, dok ne dobije blijedo zlatnu boju. Dodajte pastu od celera i blitve i kuhajte još 3 minute. Dodajte temeljac, tikvice, preostali celer i blitvu, limunov sok, 1 žličicu soli i ½ žličice crnog papra. Zakuhajte i kuhajte 10 minuta, zatim kušajte i prilagodite začine. Mora biti oštro, pa po potrebi dodajte još jednu žlicu limunovog soka.

e) Na kraju u juhu pažljivo dodajte kubbeh – nekoliko po nekoliko, da se ne zalijepe jedan za drugi – i lagano pirjajte 20 minuta. Ostavite sa strane dobrih pola sata da se slegnu i omekšaju pa podgrijte i poslužite. Popratite ga kriškom limuna za dodatni okus limuna.

20. Punjene Romano paprike

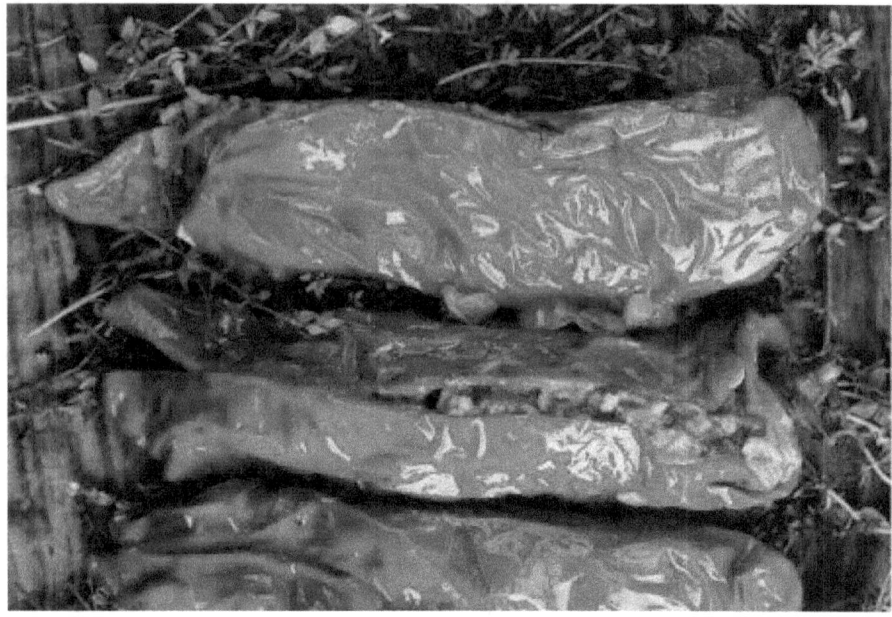

Čini: 4 VELIKOdušno

SASTOJCI
- 8 srednjih romano ili drugih slatkih paprika
- 1 velika rajčica, grubo nasjeckana (1 šalica / 170 g ukupno)
- 2 srednje glavice luka, grubo nasjeckane (1⅔ šalice / 250 g ukupno)
- oko 2 šalice / 500 ml temeljca od povrća
- PUNJENJE
- ¾ šalice / 140 g basmati riže
- 1½ žlice baharat mješavine začina (kupite u trgovini ili pogledajte recept)
- ½ žličice mljevenog kardamoma
- 2 žlice maslinovog ulja
- 1 veliki luk, sitno nasjeckan (1⅓ šalice / 200 g ukupno)
- 14 oz / 400 g mljevene janjetine
- 2½ žlice nasjeckanog plosnatog peršina
- 2 žlice nasjeckanog kopra
- 1½ žlice sušene metvice
- 1½ žličice šećera
- sol i svježe mljeveni crni papar

UPUTE
a) Počnite s nadjevom. Stavite rižu u lonac i prelijte je blago posoljenom vodom. Pustite da zavrije i zatim kuhajte 4 minute. Ocijedite, osvježite pod hladnom vodom i ostavite sa strane.

b) Začine na suho prepržite u tavi. Dodajte maslinovo ulje i luk te pržite oko 7 minuta uz često miješanje dok luk ne omekša. Ulijte to, zajedno s rižom, mesom, začinskim biljem, šećerom i 1 žličicom soli u veliku zdjelu za miješanje. Rukama sve dobro izmiješajte.

c) Počevši od kraja peteljke, malim nožem zarežite uzdužno tri četvrtine svake paprike, bez uklanjanja peteljke, stvarajući dugačak otvor. Bez silovanja da se paprika previše otvori, izvadite sjemenke i potom svaku papriku napunite jednakom količinom smjese.

d) Nasjeckanu rajčicu i luk stavite u vrlo veliku tavu za koju imate čvrsti poklopac. Rasporedite paprike na vrh, blizu jedna drugoj, i ulijte tek toliko temeljca da bude 1 cm uz rub paprika. Začinite s ½ žličice soli i malo crnog papra. Pokrijte posudu poklopcem i pirjajte na najnižoj mogućoj vatri sat vremena. Važno je da je nadjev samo kuhan na pari, tako da poklopac mora dobro pristajati; pazite da na dnu posude uvijek ima malo tekućine. Paprike poslužite tople, nikako vruće ili na sobnoj temperaturi.

21. Punjeni patlidžan s janjetinom i pinjolima

Čini: 4 VELIKOdušno

SASTOJCI
- 4 srednja patlidžana (oko 2½ lb / 1,2 kg), prepolovljena po dužini
- 6 žlica / 90 ml maslinovog ulja
- 1½ žličice mljevenog kumina
- 1½ žličice slatke paprike
- 1 žlica mljevenog cimeta
- 2 srednje glavice luka (12 oz / 340 g ukupno), sitno nasjeckane
- 1 lb / 500 g mljevene janjetine
- 7 žlica / 50 g pinjola
- ⅔ oz / 20 g ravnog peršina, nasjeckanog
- 2 žličice paste od rajčice
- 3 žličice najfinijeg šećera
- ⅔ šalice / 150 ml vode
- 1½ žlice svježe iscijeđenog soka od limuna
- 1 žličica paste od tamarinda
- 4 štapića cimeta
- sol i svježe mljeveni crni papar

UPUTE
a) Zagrijte pećnicu na 425°F / 220°C.
b) Stavite polovice patlidžana, s kožom prema dolje, u dovoljno veliku posudu za pečenje da u njih stane. Premažite meso s 4 žlice maslinova ulja i začinite s 1 žličicom soli i dosta crnog papra. Pecite oko 20 minuta, dok ne porumene. Izvadite iz pećnice i ostavite da se malo ohladi.
c) Dok se patlidžani kuhaju, možete početi raditi nadjev tako što ćete u velikoj tavi zagrijati preostale 2 žlice maslinovog ulja. Pomiješajte kumin, papriku i mljeveni cimet i dodajte pola ove mješavine začina u tavu, zajedno s lukom. Kuhajte na srednje jakoj vatri oko 8 minuta, često miješajući, prije nego što dodate janjetinu, pinjole, peršin, pastu od rajčice, 1 žličicu šećera, 1

žličicu soli i malo crnog papra. Nastavite kuhati i miješajući još 8 minuta, dok se meso ne skuha.

d) Stavite preostalu mješavinu začina u zdjelu i dodajte vodu, sok od limuna, tamarind, preostale 2 žličice šećera, štapiće cimeta i ½ žličice soli; dobro promiješajte.

e) Smanjite temperaturu pećnice na 375°F / 195°C. Ulijte mješavinu začina na dno posude za pečenje patlidžana. Na vrh svakog patlidžana žlicom nanesite smjesu od janjetine. Tepsiju dobro prekrijte aluminijskom folijom, vratite u pećnicu i pecite 1½ sat, do kada bi patlidžani trebali biti potpuno mekani, a umak gust; dva puta tijekom kuhanja skinite foliju i patlidžane prelijte umakom, dodajte malo vode ako umak presuši. Poslužite toplo, ne vruće ili na sobnoj temperaturi.

22. Punjeni krumpir

Čini: 4 DO 6

SASTOJCI
- 1 lb / 500 g mljevene junetine
- oko 2 šalice / 200 g bijelih krušnih mrvica
- 1 srednja glavica luka, sitno nasjeckana (¾ šalice / 120 g ukupno)
- 2 češnja češnjaka, zgnječena
- ⅔ oz / 20 g plosnatog peršina, sitno nasjeckanog
- 2 žlice nasjeckanih listova timijana
- 1½ žličice mljevenog cimeta
- 2 velika jaja iz slobodnog uzgoja, istučena
- 3¼ lb / 1,5 kg srednjih krumpira Yukon Gold, otprilike 3¾ x 2¼ inča / 9 x 6 cm, oguljenih i prepolovljenih po dužini
- 2 žlice nasjeckanog cilantra
- sol i svježe mljeveni crni papar

UMAK OD RAJČICE
- 2 žlice maslinovog ulja
- 5 češnja češnjaka, zgnječenog
- 1 srednja glavica luka, sitno nasjeckana (¾ šalice / 120 g ukupno)
- 1½ stabljike celera, sitno nasjeckane (⅔ šalice / 80 g ukupno)
- 1 manja mrkva, oguljena i sitno nasjeckana (½ šalice / 70 g ukupno)
- 1 crveni čili, sitno nasjeckan
- 1½ žličice mljevenog kumina
- 1 žličica mljevene pimente
- prstohvat dimljene paprike
- 1½ žličice slatke paprike
- 1 žličica sjemenki kima, zgnječenih mužarom i tučkom ili mlinom za začine
- jedna limenka nasjeckanih rajčica od 28 oz / 800 g
- 1 žlica paste od tamarinda

- 1½ žličice super finog šećera

UPUTE

a) Počnite s umakom od rajčice. Zagrijte maslinovo ulje u najširoj tavi koju imate; trebat će vam i poklopac za to. Dodajte češnjak, luk, celer, mrkvu i čili pa pirjajte na laganoj vatri 10 minuta dok povrće ne omekša. Dodajte začine, dobro promiješajte i kuhajte 2 do 3 minute. Ulijte nasjeckane rajčice, tamarind, šećer, ½ žličice soli i malo crnog papra i pustite da prokuha. Maknite s vatre.

b) Da biste napravili punjeni krumpir, stavite govedinu, krušne mrvice, luk, češnjak, peršin, majčinu dušicu, cimet, 1 žličicu soli, malo crnog papra i jaja u zdjelu za miješanje. Rukama dobro sjediniti sve sastojke.

c) Izdubite svaku polovicu krumpira kuglicom za dinju ili čajnom žličicom, stvarajući ljusku debljine ⅔ inča / 1,5 cm. Stavite mesnu smjesu u svaku udubinu, rukama je gurnite prema dolje tako da potpuno ispuni krumpir. Pažljivo pritisnite sve krumpire u umak od rajčice tako da sjede blizu jedan uz drugog, s nadjevom od mesa prema gore. Dodajte oko 1¼ šalice / 300 ml vode, ili tek toliko da skoro prekrijete pljeskavice umakom, pustite da lagano zakuha, pokrijte tavu poklopcem i ostavite da lagano kuha najmanje 1 sat ili čak i dulje, dok se umak ne ohladi je gusta i krumpir je jako mekan. Ako se umak nije dovoljno zgusnuo, maknite poklopac i smanjite 5 do 10 minuta. Poslužite vruće ili toplo, ukrašeno cilantrom.

23. Punjene artičoke s graškom i koprom

Proizvodi: 4

SASTOJCI

- 14 oz / 400 g poriluka, obrezanog i narezanog na ¼ inča / 0,5 cm kriške
- 250 g mljevene govedine
- 1 veliko jaje slobodnog uzgoja
- 1 žličica mljevene pimente
- 1 žličica mljevenog cimeta
- 2 žličice sušene metvice
- 12 artičoka srednje veličine ili otopljenih smrznutih dna artičoka (vidi uvod)
- 6 žlica / 90 ml svježe iscijeđenog soka od limuna, plus sok od ½ limuna ako koristite svježe artičoke
- ⅓ šalice / 80 ml maslinovog ulja
- višenamjensko brašno, za premazivanje artičoka
- oko 2 šalice / 500 ml pilećeg ili povrtnog temeljca
- 1⅓ šalice / 200 g smrznutog graška
- ⅓ oz / 10 g kopra, grubo nasjeckanog
- sol i svježe mljeveni crni papar

UPUTE

a) Poriluk blanširajte u kipućoj vodi 5 minuta. Ocijedite, osvježite i iscijedite vodu.

b) Poriluk krupno nasjeckajte i stavite u zdjelu za miješanje zajedno s mesom, jajetom, začinima, mentom, 1 žličicom soli i dosta papra. Dobro promiješati.

c) Ako koristite svježe artičoke, pripremite zdjelu s vodom i sokom od ½ limuna. Uklonite peteljku s artičoke i skinite čvrste vanjske listove. Kad dođete do mekših, blijedih listova, velikim oštrim nožem prerežite cvijet tako da vam ostane donja četvrtina. Upotrijebite mali, oštar nož ili gulilicu za povrće kako biste uklonili vanjske slojeve artičoke sve dok baza ili dno ne bude otkriveno. Ostružite dlakavu "čoku" i stavite bazu u zakiseljenu vodu. Odbacite ostatak, a zatim ponovite s drugim artičokama.

d) Stavite 2 žlice maslinovog ulja u tavu dovoljno široku da u nju stanu artičoke i zagrijte je na srednje jakoj vatri. Svako dno artičoke napunite s 1 do 2 žlice goveđe smjese, utiskujući nadjev. Nježno uvaljajte dno u malo brašna, lagano premažite i otresite višak. Pržite na zagrijanom ulju 1½ minute sa svake strane. Obrišite tavu i vratite artičoke u tavu, rasporedivši ih ravno i tijesno jednu do druge.

e) Pomiješajte temeljac, limunov sok i preostalo ulje te obilno začinite solju i paprom. Zalijte žlicama tekućine preko artičoka dok ne budu gotovo, ali ne potpuno, potopljene; možda vam neće trebati sva tekućina. Preko artičoka stavite papir za pečenje, pokrijte posudu poklopcem i pirjajte na laganoj vatri 1 sat. Kad su gotovi treba im ostati samo oko 4 žlice tekućine. Po potrebi maknuti poklopac i papir i reducirati umak. Ostavite tavu sa strane dok se artičoke ne zagriju ili na sobnoj temperaturi.

f) Kada ste spremni za posluživanje, blanširajte grašak 2 minute. Ocijedite ih i dodajte kopar u tavu s artičokama, začinite po želji i sve lagano promiješajte.

GLAVNO JELO

24. Pečeni slatki krumpir i svježe smokve

Proizvodi: 4

SASTOJCI

- 4 mala slatka krumpira (2¼ lb / 1 kg ukupno)
- 5 žlica maslinovog ulja
- 3 žlice / 40 ml balzamičnog octa (možete koristiti komercijalni, a ne vrhunski odležani)
- 1½ žlice / 20 g najfinijeg šećera
- 12 glavica mladog luka, prepolovljenih po dužini i izrezanih na segmente od 1½ inča / 4 cm
- 1 crveni čili, tanko narezan
- 6 zrelih smokava (8½ oz / 240 g ukupno), na četvrtine
- 150 g mekog kozjeg sira (po želji)
- Maldonska morska sol i svježe mljeveni crni papar

UPUTE

a) Zagrijte pećnicu na 475°F / 240°C.

b) Operite batat, prepolovite ga po dužini, a zatim svaku polovicu ponovno na sličan način izrežite na 3 dugačka kriška. Pomiješajte s 3 žlice maslinovog ulja, 2 žličice soli i malo crnog papra. Raširite kriške, s kožom prema dolje, na lim za pečenje i pecite oko 25 minuta dok ne postanu mekani, ali ne i kašasti. Izvaditi iz rerne i ostaviti da se ohladi.

c) Za pripremu balzamične redukcije stavite balzamični ocat i šećer u malu posudu za umake. Zakuhajte, zatim smanjite vatru i kuhajte 2 do 4 minute, dok se ne zgusne. Obavezno maknite posudu s vatre dok je ocat još tekućiji od meda; nastavit će se zgušnjavati dok se hladi. Umiješajte kap vode prije posluživanja ako postane pregusto za podlijevanje.

d) Slatke krumpire posložite na tanjur za posluživanje. Zagrijte preostalo ulje u srednje jakoj tavi na srednje jakoj vatri i dodajte mladi luk i čili. Pržite 4 do 5 minuta, često miješajući da čili ne zagori. Žlicom dodajte ulje, luk i čili preko slatkog krumpira. Postavite smokve među kriške, a zatim pokapajte balzamom. Poslužite na sobnoj temperaturi. Izmrvite sir po vrhu, ako ga koristite.

25. Na'amin fattoush

Proizvodi: 6

SASTOJCI
- 1 šalica / 200 g grčkog jogurta i ¾ šalice plus 2 žlice / 200 ml punomasnog mlijeka ili 1⅔ šalice / 400 ml mlaćenice (zamjenjuje i jogurt i mlijeko)
- 2 velika stara turska somuna ili naan (9 oz / 250 g ukupno)
- 3 velike rajčice (ukupno 380 g), narezane na kockice od ⅔ inča / 1,5 cm
- 3½ oz / 100 g rotkvica, tanko narezanih
- 3 libanonska ili mini krastavca (9 oz / 250 g ukupno), oguljena i nasjeckana na kockice od ⅔ inča / 1,5 cm
- 2 zelena luka, tanko narezana
- 15 g svježe mente
- 1 oz / 25 g plosnatog peršina, grubo nasjeckanog
- 1 žlica sušene metvice
- 2 češnja češnjaka, zgnječena
- 3 žlice svježe iscijeđenog soka od limuna
- ¼ šalice / 60 ml maslinovog ulja, plus dodatno za prelijevanje
- 2 žlice jabukovače ili bijelog vinskog octa
- ¾ žličice svježe mljevenog crnog papra
- 1½ žličice soli
- 1 žlica sumaka ili više po ukusu, za ukrašavanje

UPUTE

a) Ako koristite jogurt i mlijeko, počnite najmanje 3 sata pa do dan ranije tako da oboje stavite u zdjelu. Dobro umutiti i ostaviti na hladnom mjestu ili u frižideru dok se ne stvore mjehurići na površini. Dobijate neku vrstu domaće mlaćenice, ali manje kisele.

b) Natrgajte kruh na komade veličine zalogaja i stavite u veliku zdjelu za miješanje. Dodajte svoju mješavinu fermentiranog jogurta ili komercijalnu mlaćenicu, zatim ostale sastojke, dobro promiješajte i ostavite 10 minuta da se svi okusi sjedine.

c) Žlicom stavite mast u zdjelice za posluživanje, pokapajte s malo maslinovog ulja i obilato ukrasite sumakom.

26. Pita sa začinskim biljem

Proizvodi: 4

SASTOJCI
- 2 žlice maslinovog ulja, plus dodatno za premazivanje tijesta
- 1 veliki luk, narezan na kockice
- 1 lb / 500 g blitve, stabljike i listovi sitno nasjeckani, ali odvojeno
- 150 g celera, tanko narezanog
- 50 g zelenog luka, nasjeckanog
- 1¾ oz / 50 g rikule
- 1 oz / 30 g ravnog peršina, nasjeckanog
- 1 oz / 30 g metvice, nasjeckane
- ¾ oz / 20 g kopra, nasjeckanog
- 4 oz / 120 g anari ili ricotta sira, izmrvljenog
- 3½ oz / 100 g odležanog sira Cheddar, naribanog
- 60 g feta sira, izmrvljenog
- ribana korica 1 limuna
- 2 velika jaja iz slobodnog uzgoja
- ⅓ žličice soli
- ½ žličice svježe mljevenog crnog papra
- ½ žličice najfinijeg šećera
- 250 g filo tijesta

UPUTE

a) Zagrijte pećnicu na 400°F / 200°C. Ulijte maslinovo ulje u veliku duboku tavu na srednje jakoj vatri. Dodajte luk i pirjajte 8 minuta bez smeđe boje. Dodajte stabljike blitve i celer i nastavite kuhati 4 minute uz povremeno miješanje. Dodajte listove blitve, pojačajte vatru na srednje jaku i miješajte dok kuhate 4 minute, dok listovi ne uvenu. Dodajte zeleni luk, rikulu i začinsko bilje i kuhajte još 2 minute. Maknite s vatre i prebacite u cjedilo da se ohladi.

b) Kad se smjesa ohladi, iscijedite što više vode i prebacite u zdjelu za miješanje. Dodajte tri sira, koricu limuna, jaja, sol, papar i šećer i dobro promiješajte.

c) Rasporedite list filo tijesta i premažite ga malo maslinovog ulja. Pokrijte drugim limom i nastavite na isti način dok ne dobijete 5 slojeva filo premazanih uljem, a svi pokrivaju površinu dovoljno veliku da obložite stranice i dno posude za pitu od 8½ inča / 22 cm, plus još slojeva da vise preko ruba . Posudu za pitu obložite tijestom, napunite mješavinom začinskog bilja i preklopite višak tijesta preko ruba nadjeva, odrežući tijesto koliko je potrebno da napravite rub od ¾ inča / 2 cm.

d) Napravite još jedan set od 5 filo slojeva premazanih uljem i stavite ih preko pite. Malo zgnječite tijesto da dobijete valoviti, neravni vrh i odrežite rubove tako da samo prekrije pitu. Obilno premažite maslinovim uljem i pecite 40 minuta dok filo ne poprimi lijepu zlatnosmeđu boju. Izvadite iz pećnice i poslužite toplo ili na sobnoj temperaturi.

27. Pečeni patlidžan sa prženim lukom

Proizvodi: 4

SASTOJCI

- 2 velika patlidžana, prepolovljena po dužini s peteljkom (ukupno oko 1⅔ lb / 750 g)
- ⅔ šalice / 150 ml maslinovog ulja
- 4 glavice luka (ukupno oko 1¼ lb / 550 g), tanko narezane
- 1½ zelenog čilija
- 1½ žličice mljevenog kumina
- 1 žličica sumaka
- 1¾ oz / 50 g feta sira, izlomljenog na velike komade
- 1 srednji limun
- 1 češanj češnjaka, zgnječen
- sol i svježe mljeveni crni papar

UPUTE

a) Zagrijte pećnicu na 425°F / 220°C.

b) Prerezanu stranu svakog patlidžana zarežite križnim uzorkom. Premažite odrezane strane sa 6½ žlica / 100 ml ulja i obilno pospite solju i paprom. Stavite na lim za pečenje, prerezanom stranom prema gore i pecite u pećnici oko 45 minuta, dok meso ne porumeni i potpuno se ispeče.

c) Dok se patlidžani peku, dodajte preostalo ulje u veliku tavu i stavite na jaku vatru. Dodajte luk i ½ žličice soli i kuhajte 8 minuta, često miješajući, tako da dijelovi luka postanu stvarno tamni i hrskavi. Papričicu očistite od sjemenki i nasjeckajte, odvojite cijelu od polovice. Dodajte mljeveni kumin, ruj i cijeli nasjeckani čili i kuhajte još 2 minute prije dodavanja fete. Kuhajte zadnju minutu, ne miješajući puno, a zatim maknite s vatre.

d) Malim nazubljenim nožem uklonite koru i srž limuna. Grubo nasjeckajte meso, odbacite sjemenke i stavite meso i eventualne sokove u zdjelu s preostalom ½ čilija i češnjakom.

e) Sastavite jelo čim su patlidžani spremni. Pečene polovice prebacite u posudu za posluživanje i meso prelijte umakom od limuna. Luk malo zagrijte i žlicom. Poslužite toplo ili ostavite sa strane da postigne sobnu temperaturu.

28. Pečena butternut tikva sa za'atarom

Proizvodi: 4

SASTOJCI

- 1 velika butternut tikva (2½ lb / 1,1 kg ukupno), izrezana na ¾ x 2½ inča / 2 x 6 cm klinova
- 2 glavice crvenog luka, narezane na kriške od 1¼ inča / 3 cm
- 3½ žlice / 50 ml maslinovog ulja
- 3½ žlice svijetle tahini paste
- 1½ žlice soka od limuna
- 2 žlice vode
- 1 mali češanj češnjaka, zgnječen
- 3½ žlice / 30 g pinjola
- 1 žlica za'atara
- 1 žlica krupno nasjeckanog plosnatog peršina
- Maldonska morska sol i svježe mljeveni crni papar

UPUTE
a) Zagrijte pećnicu na 475°F / 240°C.
b) Stavite tikvicu i luk u veliku zdjelu za miješanje, dodajte 3 žlice ulja, 1 žličicu soli i malo crnog papra i dobro promiješajte. Raširite na lim s korom prema dolje i pecite u pećnici 30 do 40 minuta dok povrće ne poprimi boju i ne bude pečeno. Pripazite na luk jer bi se mogao skuhati brže od tikve i treba ga ranije izvaditi. Izvaditi iz pećnice i ostaviti da se ohladi.
c) Da biste napravili umak, stavite tahini u malu zdjelu zajedno s limunovim sokom, vodom, češnjakom i ¼ žličice soli. Miješajte dok umak ne bude konzistencije meda, dodajte još vode ili tahinija ako je potrebno.
d) Ulijte preostalih 1½ žličice ulja u malu tavu i stavite je na srednje nisku vatru. Dodajte pinjole zajedno s ½ žličice soli i kuhajte 2 minute, često miješajući, dok orasi ne porumene. Maknite s vatre i premjestite orahe i ulje u malu zdjelu kako biste zaustavili kuhanje.
e) Za posluživanje rasporedite povrće po velikom pladnju za posluživanje i pokapajte preko tahinija. Po vrhu pospite pinjole i njihovo ulje, zatim za'atar i peršin.

29. Fava Bean Kuku

Proizvodi: 6

SASTOJCI
- 1 lb / 500 g fava graha, svježeg ili smrznutog
- 5 žlica / 75 ml kipuće vode
- 2 žlice super finog šećera
- 5 žlica / 45 g suhih žutika
- 3 žlice gustog vrhnja
- ¼ žličice šafrana
- 2 žlice hladne vode
- 5 žlica maslinovog ulja
- 2 srednje glavice luka, sitno nasjeckane
- 4 češnja češnjaka, zgnječena
- 7 velikih jaja slobodnog uzgoja
- 1 žlica višenamjenskog brašna
- ½ žličice praška za pecivo
- 1 šalica / 30 g kopra, nasjeckanog
- ½ šalice / 15 g metvice, nasjeckane
- sol i svježe mljeveni crni papar

UPUTE

a) Zagrijte pećnicu na 350°F / 180°C. Stavite fava grah u tavu s puno kipuće vode. Kuhajte 1 minutu, ocijedite, osvježite pod hladnom vodom i ostavite sa strane.

b) Ulijte 5 žlica / 75 ml kipuće vode u srednju posudu, dodajte šećer i miješajte da se otopi. Kad je sirup mlak, dodajte bobice i ostavite ih oko 10 minuta, zatim ocijedite.

c) Zakuhajte vrhnje, šafran i hladnu vodu u malom loncu. Odmah maknite s vatre i ostavite sa strane 30 minuta da se ulije.

d) Zagrijte 3 žlice maslinovog ulja na srednje jakoj vatri u tavi za prženje otpornoj na pećnicu od 10 inča / 25 cm, za koju imate poklopac. Dodajte luk i kuhajte oko 4 minute, povremeno miješajući, zatim dodajte češnjak i kuhajte i miješajte još 2 minute. Umiješajte fava grah i ostavite sa strane.

e) U velikoj zdjeli za miješanje dobro umutite jaja dok ne postanu pjenasta. Dodajte brašno, prašak za pecivo, kremu od šafrana, začinsko bilje, 1½ žličice soli i ½ žličice papra i dobro promiješajte. Na kraju umiješajte žutiku i mješavinu mahunarki i luka.

f) Očistite tavu, dodajte preostalo maslinovo ulje i stavite u pećnicu na 10 minuta da se dobro zagrije. Smjesu od jaja ulijte u vruću tavu, pokrijte poklopcem i pecite 15 minuta. Maknite poklopac i pecite još 20 do 25 minuta, dok se jaja taman ne stvrdnu. Izvadite iz pećnice i ostavite da odstoji 5 minuta, prije nego što je preokrenete na tanjur za posluživanje. Poslužite toplo ili na sobnoj temperaturi.

Salata od sirove artičoke i začinskog bilja

30. Ćufte od poriluka od limuna

Čini: 4 KAO POČETAK

SASTOJCI
- 6 velikih narezanih poriluka (ukupno oko 1¾ lb / 800 g)
- 250 g mljevene govedine
- 1 šalica / 90 g krušnih mrvica
- 2 velika jaja iz slobodnog uzgoja
- 2 žlice suncokretovog ulja
- ¾ do 1¼ šalice / 200 do 300 ml pilećeg temeljca
- ⅓ šalice / 80 ml svježe iscijeđenog soka od limuna (oko 2 limuna)
- ⅓ šalice / 80 g grčkog jogurta
- 1 žlica sitno nasjeckanog plosnatog peršina
- sol i svježe mljeveni crni papar

UPUTE

a) Poriluk narežite na kriške od ¾ inča / 2 cm i kuhajte ga na pari otprilike 20 minuta dok potpuno ne omekša. Ocijedite i ostavite da se ohladi, a zatim kuhinjskom krpom iscijedite preostalu vodu. Obradite poriluk u multipraktiku pulsirajući nekoliko puta dok se dobro ne nasjecka, ali ne postane kašast. Stavite poriluk u veliku zdjelu za miješanje, zajedno s mesom, krušnim mrvicama, jajima, 1¼ žličice soli i 1 žličicom crnog papra. Smjesu oblikujte u ravne pljeskavice, otprilike 2¾ x ¾ inča / 7 x 2 cm — to bi trebalo biti 8. Ostavite u hladnjaku 30 minuta.

b) Zagrijte ulje na srednje jakoj vatri u velikoj tavi s debelim dnom za koju imate poklopac. Pecite pljeskavice s obje strane dok ne porumene; to se može učiniti u serijama ako je potrebno.

c) Posudu obrišite papirnatim ručnikom pa na dno slažite mesne okruglice, po potrebi ih malo preklapajte. Prelijte s toliko temeljca da skoro, ali ne sasvim prekrije pljeskavice. Dodajte sok od limuna i ½ žličice soli. Pustite da zavrije, zatim poklopite i lagano kuhajte 30 minuta. Maknite poklopac i po potrebi kuhajte još nekoliko minuta dok gotovo sva tekućina ne ispari. Maknite posudu s vatre i ostavite sa strane da se ohladi.

d) Poslužite mesne okruglice samo tople ili na sobnoj temperaturi, s malo jogurta i posipanim peršinom.

31. Salata od korjenastog povrća s labnehom

Proizvodi: 6

SASTOJCI
- 3 srednje cikle (1 lb / 450 g ukupno)
- 2 srednje mrkve (9 oz / 250 g ukupno)
- ½ korijena celera (300 g ukupno)
- 1 srednja korabica (9 oz / 250 g ukupno)
- 4 žlice svježe iscijeđenog soka od limuna
- 4 žlice maslinovog ulja
- 3 žlice sherry octa
- 2 žličice super finog šećera
- ¾ šalice / 25 g lišća cilantra, grubo nasjeckanog
- ¾ šalice / 25 g listova metvice, nasjeckanih
- ⅔ šalice / 20 g plosnatog lišća peršina, grubo nasjeckanog
- ½ žlice naribane korice limuna
- 1 šalica / 200 g labneha (kupite u trgovini ili pogledajte recept)
- sol i svježe mljeveni crni papar
- Ogulite svo povrće i narežite ga na tanke ploške, otprilike 1/16 malog ljutog čilija, sitno nasjeckanog

UPUTE

a) Stavite limunov sok, maslinovo ulje, ocat, šećer i 1 žličicu soli u malu tavu. Pustite da lagano kuha i miješajte dok se šećer i sol ne otope. Maknite s vatre.

b) Ocijedite trakice povrća i prebacite na papirnati ubrus da se dobro osuše. Osušite zdjelu i zamijenite povrće. Vrući dresing prelijte preko povrća, dobro promiješajte i ostavite da se ohladi. Stavite u hladnjak na najmanje 45 minuta.

c) Kada ste spremni za posluživanje, dodajte začinsko bilje, koricu limuna i 1 žličicu crnog papra u salatu. Dobro promiješajte, kušajte i po potrebi dodajte još soli. Stavite na tanjure za posluživanje i poslužite s malo labneha sa strane.

32. Pržene rajčice s češnjakom

Čini: 2 do 4

SASTOJCI
- 3 velika češnja češnjaka, zgnječena
- ½ malog ljutog čilija, sitno nasjeckanog
- 2 žlice nasjeckanog plosnatog peršina
- 3 velike, zrele, ali čvrste rajčice (ukupno oko 1 lb / 450 g)
- 2 žlice maslinovog ulja
- Maldonska morska sol i svježe mljeveni crni papar
- rustikalni kruh, za posluživanje

UPUTE
a) Pomiješajte češnjak, čili i nasjeckani peršin u maloj posudi i ostavite sa strane. Rajčice na vrh i rep i narežite okomito na ploške debljine oko ⅔ inča / 1,5 cm.

b) Zagrijte ulje u velikoj tavi na srednje jakoj vatri. Dodajte ploške rajčice, začinite solju i paprom, te kuhajte oko 1 minutu, zatim preokrenite, ponovno začinite solju i paprom i pospite mješavinom češnjaka. Nastavite kuhati još oko minutu, povremeno protresajući tavu, zatim ponovno okrenite kriške i kuhajte još nekoliko sekundi, dok ne postanu mekane, ali ne i kašaste.

c) Preokrenite rajčice na tanjur za posluživanje, prelijte sokom iz tave i odmah poslužite uz kruh.

33. Chermoula patlidžan s bulgurom i jogurtom

Priprema: 4 KAO GLAVNO JELO

SASTOJCI
- 2 češnja češnjaka, zgnječena
- 2 žličice mljevenog kumina
- 2 žličice mljevenog korijandera
- 1 žličica čili pahuljica
- 1 žličica slatke paprike
- 2 žlice sitno nasjeckane konzervirane limunove korice (kupljene u trgovini ili pogledajte recept)
- ⅔ šalice / 140 ml maslinovog ulja, plus dodatak za kraj
- 2 srednja patlidžana
- 1 šalica / 150 g finog bulgura
- ⅔ šalice / 140 ml kipuće vode
- ⅓ šalice / 50 g zlatnih grožđica
- 3½ žlice / 50 ml tople vode
- ⅓ oz / 10 g cilantra, nasjeckanog, plus dodatak za kraj
- ⅓ oz / 10 g metvice, nasjeckane
- ⅓ šalice / 50 g zelenih maslina bez koštica, prepolovljenih
- ⅓ šalice / 30 g narezanih badema, tostiranih
- 3 zelena luka, nasjeckana
- 1½ žlice svježe iscijeđenog soka od limuna
- ½ šalice / 120 g grčkog jogurta
- sol

UPUTE
a) Zagrijte pećnicu na 400°F / 200°C.
b) Da biste napravili chermoulu, u maloj posudi pomiješajte češnjak, kumin, korijander, čili, papriku, konzervirani limun, dvije trećine maslinovog ulja i ½ žličice soli.
c) Patlidžane prepolovite po dužini. Zarežite meso svake polovice dubokim, dijagonalnim ukriženim zarezima, pazeći da ne probijete kožu. Žlicom rasporedite chermoulu preko svake polovice, ravnomjerno je rasporedite i stavite na lim za pečenje

prerezanom stranom prema gore. Stavite u pećnicu i pecite 40 minuta, odnosno dok patlidžani potpuno ne omekšaju.

d) U međuvremenu stavite bulgur u veliku zdjelu i prelijte kipućom vodom.

e) Grožđice namočite u toplu vodu. Nakon 10 minuta ocijedite grožđice i dodajte ih u bulgur, zajedno s preostalim uljem. Dodajte začinsko bilje, masline, bademe, zeleni luk, limunov sok i prstohvat soli te promiješajte da se sjedini. Probajte i po potrebi dodajte još soli.

f) Patlidžane poslužite tople ili na sobnoj temperaturi. Stavite ½ patlidžana, prerezanom stranom prema gore, na svaki pojedinačni tanjur. Žlicom stavite bulgur na vrh, pustite da dio padne s obje strane. Žlicom dodajte malo jogurta, pospite cilantrom i na kraju pokapajte uljem.

34. Pržena cvjetača s tahinijem

Proizvodi: 6

SASTOJCI
- 2 šalice / 500 ml suncokretovog ulja
- 2 srednje glavice cvjetače (2¼ lb / 1 kg ukupno), podijeljene na male cvjetiće
- 8 glavica mladog luka, svaki podijeljen na 3 dugačka segmenta
- ¾ šalice / 180 g svijetle tahini paste
- 2 češnja češnjaka, zgnječena
- ¼ šalice / 15 g ravnog lista peršina, nasjeckanog
- ¼ šalice / 15 g nasjeckane mente, plus dodatak za kraj
- ⅔ šalice / 150 g grčkog jogurta
- ¼ šalice / 60 ml svježe iscijeđenog soka od limuna, plus naribana korica od 1 limuna
- 1 žličica melase od nara, plus još za kraj
- oko ¾ šalice / 180 ml vode
- Maldonska morska sol i svježe mljeveni crni papar

UPUTE
a) Zagrijte suncokretovo ulje u velikom loncu na srednje jakoj vatri. Metalnim hvataljkama ili metalnom žlicom pažljivo stavljajte nekoliko cvjetova cvjetače odjednom u ulje i kuhajte ih 2 do 3 minute, okrećući ih da se ravnomjerno oboje. Kad porumene, rešetkastom žlicom izvadite cvjetiće u cjedilo da se ocijede. Pospite s malo soli. Nastavite u serijama dok ne potrošite sav karfiol. Zatim pržite zeleni luk u serijama, ali samo oko 1 minutu. Dodati cvjetači. Ostavite oboje da se malo ohlade.

b) Ulijte tahini pastu u veliku zdjelu za miješanje i dodajte češnjak, nasjeckano začinsko bilje, jogurt, limunov sok i koricu, melasu od nara te malo soli i papra. Dobro promiješajte drvenom kuhačom dok dodajete vodu. Tahini umak će se zgusnuti, a zatim olabaviti dok dodajete vodu. Nemojte dodavati previše , tek toliko da dobijete gustu, a opet glatku, tekuću konzistenciju, pomalo poput meda.

c) Dodajte cvjetaču i mladi luk u tahini i dobro promiješajte. Kušajte i prilagodite začine. Također možete dodati još soka od limuna.

d) Za posluživanje, žlicom stavite u zdjelu za posluživanje i završite s nekoliko kapi melase od nara i malo mente.

35. Bliskoistočni miješani roštilj

Proizvodi: 4

SASTOJCI

- 10½ oz / 300 g pilećih prsa bez kostiju, narezanih na kockice od ¾ inča / 2 cm
- 200 g pilećih srca, prepolovljenih po dužini (po želji)
- 4 žlice maslinovog ulja
- 250 g pilećih jetrica, očišćenih i narezanih na kockice
- 2 velika luka, tanko narezana (oko 4½ šalice / 500 g ukupno)
- 1½ žličice mljevene kurkume
- 1 žlica baharat mješavine začina (kupite u trgovini ili pogledajte recept)
- sol

UPUTE

a) Stavite veliku tavu od lijevanog željeza ili drugu tešku tavu na srednje jaku vatru i ostavite nekoliko minuta dok se gotovo ne počne dimiti. Dodajte pileća prsa i ostavite minutu, jednom promiješajte, a zatim kuhajte dok ne porumene, 2 do 3 minute. Prebacite komade u zdjelu i ostavite sa strane.

b) Stavite srca u tavu i kuhajte, povremeno miješajući, dok ne porumene, ali ne budu kuhana, 2 do 3 minute. Dodajte u zdjelu.

c) U tavu ulijte žličicu maslinovog ulja i dodajte jetrice. Kuhajte 2 do 3 minute, miješajući samo jednom ili dvaput, a zatim izvadite iz posude.

d) U tavu ulijte 2 žlice maslinovog ulja i dodajte polovicu luka. Kuhajte uz stalno miješanje 4 do 5 minuta dok luk ne omekša i malo pougljeni, ali ne bude potpuno mlitav. Dodajte preostalo ulje u tavu i ponovite s drugom polovicom luka. Vratite prvu seriju u tavu, zajedno sa začinima i kuhanim komadima piletine, srcima i jetricama. Začinite sa ¾ žličice soli i nastavite kuhati oko 3 minute, stružući tavu dok kuhate, dok piletina ne bude kuhana. Poslužite odmah.

36. Pirjana prepelica s marelicama i tamarindom

Čini: 4 KAO POČETAK

SASTOJCI
- 4 iznimno velike prepelice, oko 6½ oz / 190 g svaka, prerezane na pola duž prsne kosti i leđa
- ¾ žličice čili pahuljica
- ¾ žličice mljevenog kumina
- ½ žličice sjemenki komorača, lagano zdrobljenih
- 1 žlica maslinovog ulja
- 1¼ šalice / 300 ml vode
- 5 žlica / 75 ml bijelog vina
- ⅔ šalice / 80 g suhih marelica, debelo narezanih
- 2½ žlice / 25 g ribiza
- 1½ žlice najfinijeg šećera
- 1½ žlice paste od tamarinda
- 2 žlice svježe iscijeđenog soka od limuna
- 1 žličica ubranih listova timijana
- sol i svježe mljeveni crni papar
- 2 žlice nasjeckanog miješanog cilantra i ravnog peršina, za ukrašavanje (po želji)

UPUTE

a) Prepelice obrišite papirnatim ručnicima i stavite u zdjelu za miješanje. Pospite pahuljicama čilija, kuminom, sjemenkama komorača, ½ žličice soli i malo crnog papra. Dobro umasirajte rukama pa pokrijte i ostavite da se marinira u hladnjaku najmanje 2 sata ili preko noći.

b) Zagrijte ulje na srednje jakoj vatri u tavi koja je taman tolika da u nju stane ptica i za koju imate poklopac. Ptice pržite sa svih strana oko 5 minuta, da dobiju lijepu zlatnosmeđu boju.

c) Izvadite prepelice iz tave i uklonite većinu masnoće, ostavite otprilike 1½ žličice. Dodajte vodu, vino, marelice, ribizle, šećer, tamarind, limunov sok, majčinu dušicu, ½ žličice soli i malo crnog papra. Vratite prepelice u tavu. Voda bi trebala doći do tri četvrtine bokova ptica; ako nije, dodajte još vode. Zakuhajte, pokrijte tavu i lagano kuhajte 20 do 25 minuta, okrećući prepelice jednom ili dvaput, sve dok ptice ne budu kuhane.

d) Izvadite prepelice iz tave i stavite ih na pladanj za posluživanje i držite na toplom. Ako tekućina nije jako gusta, vratite je na srednju vatru i pirjajte nekoliko minuta da se svede na dobru konzistenciju umaka. Prelijte umak preko prepelica i ukrasite cilantrom i peršinom, ako ih koristite.

37. Pečena piletina s klementinama

Proizvodi: 4

SASTOJCI
- 6½ žlica / 100 ml araka, ouza ili pernoda
- 4 žlice maslinovog ulja
- 3 žlice svježe iscijeđenog soka od naranče
- 3 žlice svježe iscijeđenog soka od limuna
- 2 žlice senfa u zrnu
- 3 žlice svijetlo smeđeg šećera
- 2 srednje velike lukovice komorača (ukupno 1 lb / 500 g)
- 1 veliko organsko pile ili pile iz slobodnog uzgoja, oko 2¾ lb / 1,3 kg, podijeljeno na 8 komada, ili iste težine u pilećim batacima s kožom i kostima
- 4 klementine, neoguljene (14 oz / 400 g ukupno), vodoravno narezane na kriške od ¼ inča / 0,5 cm
- 1 žlica listova majčine dušice
- 2½ žličice sjemenki komorača, lagano zdrobljenih
- sol i svježe mljeveni crni papar
- nasjeckanog peršina, za ukrašavanje

UPUTE
a) Stavite prvih šest sastojaka u veliku zdjelu za miješanje i dodajte 2½ žličice soli i 1½ žličice crnog papra. Dobro umutiti i ostaviti sa strane.

b) Koromač odrežite i svaku lukovicu uzdužno prepolovite. Svaku polovicu izrežite na 4 kriška. Dodajte komorač u tekućine, zajedno s komadićima piletine, kriškama klementine, majčinom dušicom i sjemenkama komorača. Dobro promiješajte rukama, a zatim ostavite da se marinira u hladnjaku nekoliko sati ili preko noći (preskakanje faze mariniranja također je u redu, ako ste u stisci s vremenom).

c) Zagrijte pećnicu na 475°F / 220°C. Premjestite piletinu i njezinu marinadu na lim za pečenje dovoljno velik da se sve udobno smjesti u jednom sloju (otprilike 12 x 14½-inča / 30 x 37 cm); pileća koža treba biti okrenuta prema gore. Kada je pećnica dovoljno zagrijana, stavite posudu u pećnicu i pecite 35 do 45 minuta, dok piletina ne izgubi boju i bude pečena. Izvadite iz pećnice.

d) Izvadite piletinu, komorač i klementine iz tave i posložite na tanjur za posluživanje; poklopiti i držati na toplom. Ulijte tekućinu od kuhanja u malu tavu, stavite je na srednje jaku vatru, zakuhajte, a zatim kuhajte dok se umak ne reducira za jednu trećinu, tako da vam ostane oko ⅓ šalice / 80 ml. Vrućim umakom prelijte piletinu, ukrasite s malo peršina i poslužite.

38. Pečena piletina s jeruzalemskom artičokom

Proizvodi: 4

SASTOJCI
- 1 lb / 450 g jeruzalemske artičoke, oguljene i izrezane uzdužno na 6 klinova debljine ⅔ inča / 1,5 cm
- 3 žlice svježe iscijeđenog soka od limuna
- 8 pilećih bataka s kožom i kostima ili 1 srednje cijelo pile, narezano na četvrtine
- 12 banana ili drugih velikih ljutika, prepolovljenih po dužini
- 12 velikih češnjeva češnjaka, narezanih na ploške
- 1 limun srednje veličine, prepolovljen po dužini i zatim vrlo tanko narezan
- 1 žličica niti šafrana
- 3½ žlice / 50 ml maslinovog ulja
- ¾ šalice / 150 ml hladne vode
- 1¼ žličice ružičastog papra u zrnu, lagano zdrobljenog
- ¼ šalice / 10 g svježih listova timijana
- 1 šalica / 40 g lišća estragona, nasjeckanog
- 2 žličice soli
- ½ žličice svježe mljevenog crnog papra

UPUTE

a) Stavite jeruzalemske artičoke u lonac srednje veličine, prelijte s puno vode i dodajte pola soka od limuna. Pustite da zakipi, smanjite vatru i kuhajte 10 do 20 minuta dok ne omekša, ali ne omekša. Ocijediti i ostaviti da se ohladi.

b) Stavite jeruzalemske artičoke i sve preostale sastojke, osim ostatka soka od limuna i polovice estragona, u veliku zdjelu za miješanje i rukama sve dobro izmiješajte. Pokrijte i ostavite da se marinira u hladnjaku preko noći, ili najmanje 2 sata.

c) Zagrijte pećnicu na 475°F / 240°C. Rasporedite komade piletine, s kožom prema gore, u sredinu posude za pečenje i rasporedite preostale sastojke oko piletine. Pecite 30 minuta. Pokrijte posudu aluminijskom folijom i kuhajte još 15 minuta. U ovom trenutku, piletina bi trebala biti potpuno kuhana. Izvadite iz pećnice i dodajte sačuvani estragon i sok od limuna. Dobro promiješajte, kušajte i po potrebi dodajte još soli. Poslužite odmah.

39. Poširana piletina s freekehom

Čini: 4 VELIKOdušno

SASTOJCI
- 1 malo pile iz slobodnog uzgoja, oko 3¼ lb / 1,5 kg
- 2 dugačka štapića cimeta
- 2 srednje mrkve, oguljene i narezane na kriške debljine ¾ inča / 2 cm
- 2 lista lovora
- 2 vezice ravnog peršina (oko 2½ oz / 70 g ukupno)
- 2 velike glavice luka
- 2 žlice maslinovog ulja
- 2 šalice / 300 g napuknutog freekeha
- ½ žličice mljevene pimente
- ½ žličice mljevenog korijandera
- 2½ žlice / 40 g neslanog maslaca
- ⅔ šalice / 60 g narezanih badema
- sol i svježe mljeveni crni papar

UPUTE

a) Stavite piletinu u veliki lonac, zajedno s cimetom, mrkvom, lovorom, 1 vezicom peršina i 1 žličicom soli. Narežite 1 luk na četvrtine i dodajte ga u lonac. Dodati hladne vode da skoro prekrije piletinu; zakuhajte i poklopljeno kuhajte na laganoj vatri 1 sat, povremeno skidajući ulje i pjenu s površine.

b) Otprilike na polovici pečenja piletine narežite drugi luk na tanke ploške i stavite ga u srednju tavu s maslinovim uljem. Pržite na srednje niskoj vatri 12 do 15 minuta, dok luk ne porumeni i omekša. Dodajte freekeh, piment, korijander, ½ žličice soli i malo crnog papra. Dobro promiješajte i zatim dodajte 2½ šalice / 600 ml pileće juhe. Pojačajte vatru na srednje jaku. Čim juha zavrije, poklopite posudu i smanjite vatru. Lagano kuhajte 20 minuta, zatim maknite s vatre i ostavite poklopljeno još 20 minuta.

c) Preostaloj vezici peršina skinite listove i nasjeckajte ih, ne previše sitno. U kuhani freekeh dodajte najveći dio nasjeckanog peršina, miješajući ga vilicom.

d) Izvadite piletinu iz juhe i stavite je na dasku za rezanje. Pažljivo izrežite prsa i narežite ih na tanke ploške pod kutom; izvadite meso iz bataka i bataka. Držite piletinu i freekeh na toplom.

e) Kada ste spremni za posluživanje, stavite maslac, bademe i malo soli u malu tavu i pržite dok ne porumene. Žlicom stavljajte freekeh na pojedinačne posude za posluživanje ili na jedan pladanj. Na vrh stavite meso od buta i batka, a zatim na vrh uredno rasporedite kriške prsa. Završite s bademima i maslacem te pospite peršinom.

40. Piletina s lukom i rižom s kardamomom

Proizvodi: 4

SASTOJCI

- 3 žlice / 40 g šećera
- 3 žlice / 40 ml vode
- 2½ žlice / 25 g žutike (ili ribiza)
- 4 žlice maslinovog ulja
- 2 srednje glavice luka, tanko narezane (2 šalice / 250 g ukupno)
- 2¼ lb / 1 kg pilećih bataka s kožom i kostima ili 1 cijelo pile, narezano na četvrtine
- 10 mahuna kardamoma
- zaobljene ¼ žličice cijelih klinčića
- 2 duga štapića cimeta, prelomljena na dva dijela
- 1⅔ šalice / 300 g basmati riže
- 2¼ šalice / 550 ml kipuće vode
- 1½ žlice / 5 g nasjeckanog lišća ravnog peršina
- ½ šalice / 5 g lišća kopra, nasjeckanog
- ¼ šalice / 5 g lišća cilantra, nasjeckanog
- ⅓ šalice / 100 g grčkog jogurta, pomiješanog s 2 žlice maslinovog ulja (po želji)
- sol i svježe mljeveni crni papar

UPUTE

a) Stavite šećer i vodu u manju posudu i zagrijavajte dok se šećer ne otopi. Maknite s vatre, dodajte žutike i ostavite sa strane da se namaču. Ako koristite ribizle, ne morate ih namakati na ovaj način.

b) U međuvremenu zagrijte pola maslinovog ulja u većoj tavi za pirjanje koju ste poklopili na srednje jakoj vatri, dodajte luk i kuhajte 10 do 15 minuta uz povremeno miješanje dok luk ne porumeni. Prebacite luk u manju zdjelu i obrišite tavu.

c) Stavite piletinu u veliku zdjelu za miješanje i začinite s 1½ žličice soli i crnog papra. Dodajte preostalo maslinovo ulje, kardamom, klinčiće i cimet te rukama sve dobro promiješajte. Ponovno zagrijte tavu pa u nju stavite piletinu i začine. Pržite 5 minuta sa svake strane i izvadite iz tave (ovo je važno jer se tako djelomično kuha piletina). Začini mogu ostati u tavi, ali ne brinite ako se zalijepe za piletinu. Uklonite i većinu preostalog ulja, ostavljajući samo tanki sloj na dnu. Dodajte rižu, karamelizirani luk, 1 žličicu soli i dosta crnog papra. Žutike ocijedite i dodajte i njih. Dobro promiješajte i vratite zapečenu piletinu u tavu gurajući je u rižu.

d) Rižu i piletinu prelijte kipućom vodom, poklopite posudu i kuhajte na vrlo laganoj vatri 30 minuta. Skinite posudu s vatre, uklonite poklopac, brzo stavite čistu kuhinjsku krpu preko posude i ponovno zatvorite poklopcem. Ostavite jelo da miruje još 10 minuta. Na kraju dodajte začinsko bilje i vilicom promiješajte i izmiješajte rižu. Probajte i po potrebi dodajte još soli i papra. Poslužite vruće ili toplo uz jogurt po želji.

41. Šafran salata od piletine i začinskog bilja

Proizvodi: 6

SASTOJCI
- 1 naranča
- 2½ žlice / 50 g meda
- ½ žličice šafrana
- 1 žlica bijelog vinskog octa
- 1¼ šalice / oko 300 ml vode
- 2¼ lb / 1 kg pilećih prsa bez kože i kostiju
- 4 žlice maslinovog ulja
- 2 male lukovice komorača, tanko narezane
- 1 šalica / 15 g ubranih listova cilantra
- ⅔ šalice / 15 g ubranih listova bosiljka, natrganih
- 15 ubranih listova metvice, natrganih
- 2 žlice svježe iscijeđenog soka od limuna
- 1 crveni čili, tanko narezan
- 1 češanj češnjaka, zgnječen
- sol i svježe mljeveni crni papar

UPUTE

a) Zagrijte pećnicu na 400°F / 200°C. Odrežite i odbacite ⅜ inča / 1 cm od vrha i repa naranče i izrežite je na 12 klinova, zadržite kožu. Uklonite sve sjemenke.

b) Stavite kriške u mali lonac s medom, šafranom, octom i tek toliko vode da pokrije kriške naranče. Zakuhajte i lagano kuhajte oko sat vremena. Na kraju bi vam trebala ostati nježna naranča i oko 3 žlice gustog sirupa; dodajte vodu tijekom kuhanja ako tekućine postane vrlo malo. Kuhačom umutite naranču i sirup u glatku, tekuću pastu; opet, dodajte malo vode ako je potrebno.

c) Pileća prsa pomiješajte s pola maslinova ulja i dosta soli i papra i stavite na jako zagrijanu rebrastu tavu. Pržite oko 2 minute sa svake strane da posvuda dobijete jasne tragove pougljenja. Prebacite u posudu za pečenje i stavite u pećnicu na 15 do 20 minuta, dok nije pečeno.

d) Nakon što je piletina dovoljno hladna za rukovanje, ali još uvijek topla, natrgajte je rukama na grube, prilično velike komade. Stavite u veliku zdjelu za miješanje, prelijte polovicom paste od naranče i dobro promiješajte. (Drugu polovicu možete držati u hladnjaku nekoliko dana. Bio bi dobar dodatak salsi sa začinskim biljem za posluživanje uz masnu ribu poput skuše ili lososa.) Dodajte preostale sastojke u salatu, uključujući ostatak maslinovog ulja i lagano promiješajte. Kušajte, posolite i popaprite, po potrebi još maslinova ulja i limunova soka.

42. Pileći sofrito

SASTOJCI

- 1 žlica suncokretovog ulja
- 1 malo pile iz slobodnog uzgoja, oko 3¼ lb / 1,5 kg, narezano na leptira ili na četvrtine
- 1 žličica slatke paprike
- ¼ žličice mljevene kurkume
- ¼ žličice šećera
- 2½ žlice svježe iscijeđenog soka od limuna
- 1 veliki luk, oguljen i narezan na četvrtine
- suncokretovo ulje, za prženje
- 1⅔ lb / 750 g Yukon Gold krumpira, oguljenog, opranog i narezanog na kockice od ¾ inča / 2 cm
- 25 češnja češnjaka, neoguljenog
- sol i svježe mljeveni crni papar

UPUTE

a) Ulijte ulje u veliku, plitku tavu ili pećnicu i stavite na srednju vatru. Stavite piletinu u tavu, kožom prema dolje, i pržite 4 do 5 minuta, dok ne porumeni. Sve začinite paprikom, kurkumom, šećerom, ¼ žličice soli, dobro mljevenim crnim paprom i 1½ žlicom soka od limuna. Okrenite piletinu tako da koža bude okrenuta prema gore, dodajte luk u tavu i poklopite poklopcem. Smanjite vatru i kuhajte ukupno oko 1½ sat; ovo uključuje vrijeme dok se piletina kuha s krumpirima. Povremeno podignite poklopac kako biste provjerili količinu tekućine na dnu posude. Ideja je da se piletina kuha i kuha na pari u vlastitom soku, ali možda ćete morati dodati malo kipuće vode, samo tako da na dnu posude uvijek bude ¼ inča / 5 mm tekućine.

b) Nakon što se piletina kuhala oko 30 minuta, ulijte suncokretovo ulje u srednju posudu za umake do dubine od 1¼ inča / 3 cm i stavite je na srednje jaku vatru. Pržite krumpir i češnjak zajedno u nekoliko serija oko 6 minuta po seriji, dok ne poprime boju i postanu hrskavi. Upotrijebite šupljikavu žlicu kako biste podigli svaku hrpu s ulja na papirnate ručnike, a zatim ih pospite solju.

c) Nakon što se piletina kuhala 1 sat, podignite je iz posude i žlicom umiješajte pržene krumpire i češnjak, pomiješajući ih sa sokom od kuhanja. Vratite piletinu u tavu, stavite je na krumpir za ostatak vremena kuhanja, to jest 30 minuta. Piletina bi trebala otpadati od kosti, a krumpir bi trebao biti natopljen tekućinom od kuhanja i potpuno mekan. Prilikom posluživanja pokapajte preostalim limunovim sokom.

43. Kofta B'siniyah

Izrađuje: 18 KOFTA

SASTOJCI
- ⅔ šalice / 150 g svijetle tahini paste
- 3 žlice svježe iscijeđenog soka od limuna
- ½ šalice / 120 ml vode
- 1 srednji češanj češnjaka, zgnječen
- 2 žlice suncokretovog ulja
- 2 žlice / 30 g neslanog maslaca ili gheeja (po želji)
- pržene pinjole, za ukrašavanje
- sitno nasjeckanog plosnatog peršina, za ukrašavanje
- slatka paprika, za ukrašavanje
- sol

KOFTA
- 14 oz / 400 g mljevene janjetine
- 400 g mljevene teletine ili junetine
- 1 mali luk (oko 150 g), sitno nasjeckan
- 2 velika češnja češnjaka, zgnječena
- 7 žlica / 50 g prženih pinjola, grubo nasjeckanih
- ½ šalice / 30 g sitno nasjeckanog ravnog peršina
- 1 veliki srednje ljuti crveni čili, bez sjemenki i sitno nasjeckan
- 1½ žličice mljevenog cimeta
- 1½ žličice mljevene pimente
- ¾ žličice naribanog muškatnog oraščića
- 1½ žličice svježe mljevenog crnog papra
- 1½ žličice soli

UPUTE

a) Sve sastojke za koftu stavite u zdjelu i rukama sve dobro promiješajte. Sada oblikujte duge prste poput torpeda, otprilike 3¼ inča / 8 cm duge (oko 2 oz / 60 g svaki). Pritisnite smjesu da je stisnete i osigurate da svaka kofta bude čvrsta i da zadrži svoj oblik. Rasporedite na tanjur i ohladite dok ne budete spremni za kuhanje, do 1 dan.

b) Zagrijte pećnicu na 425°F / 220°C. U srednjoj posudi pomiješajte tahini pastu, limunov sok, vodu, češnjak i ¼ žličice soli. Umak bi trebao biti malo tekućiji od meda; po potrebi dodajte 1 do 2 žlice vode.

c) U velikoj tavi zagrijte suncokretovo ulje na jakoj vatri i zapecite kofte. Učinite to u serijama kako ne bi bile stisnute jedna uz drugu. Pržite ih sa svih strana dok ne porumene, oko 6 minuta po seriji. U ovom trenutku, trebali bi biti srednje pečeni. Izvaditi iz tepsije i redati u tepsiju. Ako ih želite ispeći srednje ili dobro pečene, stavite lim za pečenje u pećnicu na 2 do 4 minute.

d) Žlicom namažite tahini umak oko kofte tako da prekrije dno tave. Ako želite, malo pokapajte i preko kofte, ali ostavite dio mesa izložen. Stavite u pećnicu na minutu-dvije, samo da se umak malo zagrije.

e) Za to vrijeme, ako koristite maslac, otopite ga u manjoj posudi i ostavite da malo porumeni, pazeći da ne zagori. Kofte žlicom premažite maslacem čim izađu iz pećnice. Pospite pinjolima i peršinom pa pospite paprikom. Poslužite odmah.

44. Goveđe mesne okruglice s fava grahom i limunom

Pravi se: OKO 20 MESNIH KRUGICA

SASTOJCI
- 4½ žlice maslinovog ulja
- 2⅓ šalice / 350 g fava graha, svježeg ili smrznutog
- 4 cijele grančice timijana
- 6 češnjeva češnjaka, narezanih na ploške
- 8 glavica mladog luka, narezanih pod kutom na segmente od ¾ inča / 2 cm
- 2½ žlice svježe iscijeđenog soka od limuna
- 2 šalice / 500 ml pilećeg temeljca
- sol i svježe mljeveni crni papar
- 1½ žličice nasjeckanog peršina, metvice, kopra i cilantra za kraj

MESNE OKRUGLICE
- 10 oz / 300 g mljevene govedine
- 5 oz / 150 g mljevene janjetine
- 1 srednja glavica luka, sitno nasjeckana
- 1 šalica / 120 g krušnih mrvica
- 2 žlice nasjeckanog peršina, metvice, kopra i cilantra
- 2 velika češnja češnjaka, zgnječena
- 4 žličice baharat mješavine začina (kupljene u trgovini ili pogledajte recept)
- 4 žličice mljevenog kumina
- 2 žličice nasjeckanih kapara
- 1 jaje, tučeno

UPUTE
a)   Stavite sve sastojke za mesne okruglice u veliku zdjelu za miješanje. Dodajte ¾ žličice soli i dosta crnog papra i dobro promiješajte rukama. Oblikujte loptice otprilike iste veličine kao loptice za stolni tenis. Zagrijte 1 žlicu maslinovog ulja na srednje jakoj vatri u posebno velikoj tavi za koju imate poklopac. Pržite polovicu mesnih okruglica, okrećući ih dok ne porumene

posvuda, oko 5 minuta. Izvadite, dodajte još 1½ žličice maslinovog ulja u tavu i ispecite drugu seriju mesnih okruglica. Izvadite iz posude i obrišite.

b) Dok se mesne okruglice kuhaju, bacite mahune u lonac s puno slane kipuće vode i blanširajte 2 minute. Ocijedite i osvježite pod hladnom vodom. Uklonite kožice s polovice graha i bacite ih.

c) Zagrijte preostale 3 žlice maslinovog ulja na srednje jakoj vatri u istoj tavi u kojoj ste pekli mesne okruglice. Dodajte majčinu dušicu, češnjak i zeleni luk i pirjajte 3 minute. Dodajte neoguljene mahune, 1½ žlice limunovog soka, ⅓ šalice / 80 ml temeljca, ¼ žličice soli i dosta crnog papra. Mahune trebaju biti gotovo prekrivene tekućinom. Poklopite posudu i kuhajte na laganoj vatri 10 minuta.

d) Vratite mesne okruglice u tavu u kojoj se nalazi fava grah. Dodajte preostali temeljac, poklopite posudu i lagano pirjajte 25 minuta. Kušajte umak i prilagodite začine. Ako je jako tekuće, maknite poklopac i malo smanjite. Nakon što se mesne okruglice prestanu kuhati, upit će dosta soka, stoga pazite da u ovom trenutku još uvijek ima dovoljno umaka. Možete ostaviti mesne okruglice sada, isključene s vatre, do posluživanja.

e) Netom prije posluživanja zagrijte polpete i po potrebi dodajte malo vode da dobijete dovoljno umaka. Dodajte preostale začine, preostalu 1 žlicu limunovog soka i oguljene mahune i lagano promiješajte. Poslužite odmah.

45. Janjeće mesne okruglice s žutikom, jogurtom i začinskim biljem

Pravi se: OKO 20 MESNIH KRUGICA

SASTOJCI
- 1⅔ lb / 750 g mljevene janjetine
- 2 srednje glavice luka, sitno nasjeckane
- ⅔ oz / 20 g plosnatog peršina, sitno nasjeckanog
- 3 češnja češnjaka, zgnječena
- ¾ žličice mljevene pimente
- ¾ žličice mljevenog cimeta
- 6 žlica / 60 g žutike
- 1 veliko jaje slobodnog uzgoja
- 6½ žlica / 100 ml suncokretovog ulja
- 1½ lb / 700 g banane ili druge velike ljutike, oguljene
- ¾ šalice plus 2 žlice / 200 ml bijelog vina
- 2 šalice / 500 ml pilećeg temeljca
- 2 lista lovora
- 2 grančice timijana
- 2 žličice šećera
- 5 oz / 150 g suhih smokava
- 1 šalica / 200 g grčkog jogurta
- 3 žlice mješavine mente, cilantra, kopra i estragona, grubo narezanog
- sol i svježe mljeveni crni papar

UPUTE

a) Stavite janjetinu, luk, peršin, češnjak, piment, cimet, žutiku, jaje, 1 žličicu soli i ½ žličice crnog papra u veliku zdjelu. Izmiješajte rukama, a zatim uvaljajte u kuglice veličine otprilike loptica za golf.

b) Zagrijte jednu trećinu ulja na srednje jakoj vatri u velikom loncu s debelim dnom za koji imate čvrsti poklopac. Stavite nekoliko mesnih okruglica i kuhajte ih nekoliko minuta dok ne dobiju boju. Izvadite iz lonca i ostavite sa strane. Na isti način skuhajte preostale ćufte.

c) Obrišite lonac i dodajte preostalo ulje. Dodajte ljutiku i kuhajte je na srednjoj vatri 10 minuta uz često miješanje dok ne porumene. Dodajte vino, ostavite da prokuha minutu-dvije, zatim dodajte pileći temeljac, lovor, majčinu dušicu, šećer te malo soli i papra. Rasporedite smokve i mesne okruglice između i na vrh ljutike; polpete moraju biti gotovo prekrivene tekućinom. Zakuhajte, poklopite poklopcem, smanjite vatru na vrlo nisku i ostavite da lagano kuha 30 minuta. Maknite poklopac i pirjajte još oko sat vremena, dok se umak ne reducira i ne pojača okus. Probajte i po potrebi posolite i popaprite.

d) Prebacite u veliku, duboku posudu za posluživanje. Umutiti jogurt, preliti po vrhu i posuti začinskim biljem.

46. Burgeri od puretine i tikvica sa zelenim lukom i kuminom

Pravi: OKO 18 PLJESKAVICA

SASTOJCI
- 1 lb / 500 g mljevene puretine
- 1 velika tikvica, krupno naribana (2 šalice / 200 g ukupno)
- 3 zelena luka, tanko narezana
- 1 veliko jaje slobodnog uzgoja
- 2 žlice nasjeckane metvice
- 2 žlice nasjeckanog cilantra
- 2 češnja češnjaka, zgnječena
- 1 žličica mljevenog kumina
- 1 žličica soli
- ½ žličice svježe mljevenog crnog papra
- ½ žličice kajenskog papra
- oko 6½ žlice / 100 ml suncokretovog ulja, za prženje

UMAK OD KISELOG VRHNJA I SUMAKA
- ½ šalice / 100 g kiselog vrhnja
- ⅔ šalice / 150 g grčkog jogurta
- 1 žličica naribane korice limuna
- 1 žlica svježe iscijeđenog soka od limuna
- 1 mali češanj češnjaka, zgnječen
- 1½ žlice maslinovog ulja
- 1 žlica sumaka
- ½ žličice soli
- ¼ žličice svježe mljevenog crnog papra

UPUTE
a) Prvo napravite umak od kiselog vrhnja tako da sve sastojke stavite u manju posudu. Dobro promiješajte i ostavite sa strane ili ohladite dok ne zatreba.

b) Zagrijte pećnicu na 425°F / 220°C. U velikoj zdjeli pomiješajte sve sastojke za mesne okruglice osim suncokretovog ulja. Pomiješajte rukama i zatim oblikujte u otprilike 18 hamburgera, svaki težak oko 45 g.

c) Ulijte dovoljno suncokretovog ulja u veliku tavu za prženje da se na dnu posude formira sloj debljine oko 1/16 inča / 2 mm. Zagrijte na srednjoj vatri dok se ne zagrije, a zatim ispecite mesne okruglice u porcijama sa svih strana. Kuhajte svaku porciju oko 4 minute, dodavajući ulje po potrebi, dok ne porumeni.

d) Pažljivo premjestite pečene mesne okruglice na lim za pečenje obložen voštanim papirom i stavite u pećnicu na 5 do 7 minuta ili dok se ne ispeku. Poslužite toplo ili na sobnoj temperaturi, s umakom prelivenim žlicom ili sa strane.

47. Sporo kuhana teletina sa suhim šljivama i porilukom

Čini: 4 VELIKOdušno

SASTOJCI
- ½ šalice / 110 ml suncokretovog ulja
- 4 velika osso buco odreska, na kosti (ukupno oko 2¼ lb / 1 kg)
- 2 velike glavice luka, sitno nasjeckane (oko 3 šalice / 500 g ukupno)
- 3 češnja češnjaka, zgnječena
- 6½ žlice / 100 ml suhog bijelog vina
- 1 šalica / 250 ml pilećeg ili goveđeg temeljca
- jedna konzerva nasjeckanih rajčica od 400 g
- 5 grančica majčine dušice, listiće sitno narezati
- 2 lista lovora
- korica ½ naranče, u trakicama
- 2 mala štapića cimeta
- ½ žličice mljevene pimente
- 2 zvjezdice anisa
- 6 velikih poriluka, samo bijeli dio (ukupno 1¾ lb / 800 g), narezanog na kriške od ⅔ inča / 1,5 cm
- 200 g mekih suhih šljiva bez koštice
- sol i svježe mljeveni crni papar
- SERVIRATI
- ½ šalice / 120 g grčkog jogurta
- 2 žlice sitno nasjeckanog plosnatog peršina
- 2 žlice naribane korice limuna
- 2 češnja češnjaka, zgnječena

UPUTE
a) Zagrijte pećnicu na 350°F / 180°C.
b) Zagrijte 2 žlice ulja u velikoj tavi s debelim dnom na jakoj vatri. Komade teletine pržite 2 minute sa svake strane, da se meso dobro zapeče. Prebacite u cjedilo da se ocijede dok pripremate umak od rajčice.

c) Maknite veći dio masnoće iz tave, dodajte još 2 žlice ulja, te dodajte luk i češnjak. Vratite na srednje jaku vatru i pirjajte, povremeno miješajući i stružući dno tave drvenom kuhačom, oko 10 minuta, dok luk ne omekša i ne porumeni. Dodajte vino, zakuhajte i lagano kuhajte 3 minute dok većina ne ispari. Dodajte pola temeljca, rajčice, timijan, lovor, narančinu koricu, cimet, piment, zvjezdasti anis, 1 žličicu soli i malo crnog papra. Dobro promiješajte i pustite da zavrije. Dodajte komade teletine u umak i promiješajte da se oblože.

d) Prebacite teletinu i umak u duboku posudu za pečenje veličine oko 13 x 9½ inča / 33 x 24 cm i ravnomjerno rasporedite okolo. Pokrijte aluminijskom folijom i stavite u pećnicu na 2 i pol sata. Tijekom kuhanja nekoliko puta provjerite da umak ne postane pregust i ne zagori sa strane; vjerojatno ćete morati dodati malo vode da to spriječite. Meso je gotovo kada se lako odvaja od kosti. Izvadite teletinu iz umaka i stavite je u veliku zdjelu. Kad se dovoljno ohladi za rukovanje, skinite svo meso s kostiju i malim nožem ostružite svu srž. Bacite kosti.

e) Zagrijte preostalo ulje u zasebnoj tavi i dobro zažutite poriluk na jakoj vatri oko 3 minute, povremeno miješajući. Žlicom ih rasporedite po umaku od rajčice. Zatim u posudi u kojoj ste radili umak od rajčice pomiješajte suhe šljive, preostali temeljac i izrezano meso i koštanu srž pa žlicom prelijte poriluk. Ponovno pokrijte folijom i nastavite kuhati još sat vremena. Nakon što izvadite iz pećnice, kušajte i po potrebi začinite solju i još crnog papra.

f) Poslužite vruće, s hladnim jogurtom žlicom po vrhu i posuto mješavinom peršina, limunove korice i češnjaka.

48. Shawarma od janjetine

Proizvodi: 8

SASTOJCI
- 2 žličice crnog papra u zrnu
- 5 cijelih klinčića
- ½ žličice mahuna kardamoma
- ¼ žličice sjemenki piskavice
- 1 žličica sjemenki komorača
- 1 žlica sjemenki kumina
- 1 zvjezdasti anis
- ½ štapića cimeta
- ½ cijelog muškatnog oraščića, naribanog
- ¼ žličice mljevenog đumbira
- 1 žlica slatke paprike
- 1 žlica sumaka
- 2½ žličice Maldon morske soli
- 25 g svježeg đumbira, naribanog
- 3 češnja češnjaka, zgnječena
- ⅔ šalice / 40 g nasjeckanog cilantra, stabljika i lišća
- ¼ šalice / 60 ml svježe iscijeđenog soka od limuna
- ½ šalice / 120 ml ulja od kikirikija
- 1 janjeći but s kostima, oko 5½ do 6½ lb / 2,5 do 3 kg
- 1 šalica / 240 ml kipuće vode

UPUTE
a) Prvih 8 sastojaka stavite u tavu od lijevanog željeza i pecite na suho na srednje jakoj vatri minutu-dvije, dok začini ne počnu pucati i puštati svoje arome. Pazite da ne zagore. Dodajte muškatni oraščić, đumbir i papriku, miješajte još nekoliko sekundi, samo da se zagriju, a zatim prebacite u mlinac za začine. Začine razradite u jednoličan prah. Prebacite u srednju zdjelu i umiješajte sve preostale sastojke, osim janjetine.

b) Malim, oštrim nožem zarežite janjeći but na nekoliko mjesta, napravite proreze duboke ⅔ inča / 1,5 cm kroz masnoću i meso kako bi marinada procurila. Stavite u veliku posudu za pečenje i utrljajte marinadu svuda janje; rukama dobro izmasirajte meso. Pokrijte posudu aluminijskom folijom i ostavite sa strane barem par sati ili najbolje preko noći.

c) Zagrijte pećnicu na 325°F / 170°C.

d) Stavite janjetinu u pećnicu s masnom stranom prema gore i pecite ukupno oko 4½ sata, dok meso potpuno ne omekša. Nakon 30 minuta pečenja dodajte kipuću vodu u posudu i tom tekućinom podlijte meso svakih sat vremena. Po potrebi dodajte još vode, pazeći da na dnu posude uvijek ostane oko ¼ inča / 0,5 cm. Zadnja 3 sata janjetinu pokrijte folijom da začini ne zagore. Kada je gotova, izvadite janjetinu iz pećnice i ostavite je da odstoji 10 minuta prije rezanja i posluživanja.

e) Najbolji način da ovo poslužite, po našem mišljenju, inspiriran je najpoznatijom izraelskom zalogajnicom shakshuka (POGLEDAJTE RECEPT), Dr Shakshuka, u Jaffi, u vlasništvu Bina Gabsoa. Uzmite šest pojedinačnih pita džepića i obilno ih premažite iznutra namazom napravljenim miješanjem ⅔ šalice / 120 g nasjeckanih rajčica iz konzerve, 2 žličice / 20 g paste od harissa, 4 žličice / 20 g paste od rajčice, 1 žlice maslinovog ulja i malo soli i papar. Kad je janjetina gotova, zagrijte pite na vrućoj rebrastoj tavi dok ne dobiju lijepe tragove pougljenje s obje strane. Narežite toplu janjetinu i narežite je na trake od ⅔ inča / 1,5 cm. Stavite ih visoko na svaku toplu pitu, žlicom prelijte malo tekućine od pečenja iz tave, smanjite i završite s nasjeckanim lukom, nasjeckanim peršinom i pospite rujem. I ne zaboravite svježi krastavac i rajčicu. To je rajsko jelo.

49. Popečeni brancin s Harissom i ružom

Čini: 2 DO 4

SASTOJCI
- 3 žlice harissa paste (kupljene u trgovini ili pogledajte recept)
- 1 žličica mljevenog kumina
- 4 fileta brancina, ukupno oko 1 lb / 450 g, oguljena i bez kostiju
- višenamjensko brašno, za posipanje
- 2 žlice maslinovog ulja
- 2 srednje glavice luka, sitno nasjeckane
- 6½ žlica / 100 ml crvenog vinskog octa
- 1 žličica mljevenog cimeta
- 1 šalica / 200 ml vode
- 1½ žlice meda
- 1 žlica ružine vodice
- ½ šalice / 60 g ribiza (po želji)
- 2 žlice grubo nasjeckanog cilantra (po želji)
- 2 žličice malih osušenih jestivih latica ruže
- sol i svježe mljeveni crni papar

UPUTE
a) Najprije marinirajte ribu. Pomiješajte pola paste od harise, mljeveni kim i ½ žličice soli u maloj posudi. Riblje filete namažite pastom i ostavite da se mariniraju 2 sata u hladnjaku.
b) Filete pospite s malo brašna i otresite višak. Zagrijte maslinovo ulje u širokoj tavi na srednje jakoj vatri i pržite filete 2 minute sa svake strane. Možda ćete to morati učiniti u dvije serije. Ribu ostaviti sa strane, ostaviti ulje u tavi, dodati luk. Miješajte dok kuhate oko 8 minuta, dok luk ne porumeni.
c) Dodajte preostalu harissu, ocat, cimet, ½ žličice soli i dosta crnog papra. Ulijte vodu, smanjite vatru i pustite da umak lagano krčka 10 do 15 minuta dok se ne zgusne.

d) Dodajte med i ružinu vodicu u tavu zajedno s ribizlom, ako ga koristite, i lagano pirjajte još par minuta. Kušajte i prilagodite začine, a zatim vratite riblje filete u tavu; možete ih malo preklapati ako ne pristaju sasvim. Ribu žlicom prelijte umakom i ostavite 3 minute da se u umaku zagrije; možda ćete morati dodati nekoliko žlica vode ako je umak jako gust. Poslužite toplo ili na sobnoj temperaturi, posuto cilantrom, ako koristite, i laticama ruže.

50. Ćevapi od ribe i kapara sa zagorenim patlidžanom i kiselim krastavcem od limuna

Pravi se: 12 ĆEVIĆA

SASTOJCI
- 2 srednja patlidžana (ukupno oko 1⅔ lb / 750 g)
- 2 žlice grčkog jogurta
- 1 češanj češnjaka, zgnječen
- 2 žlice nasjeckanog plosnatog peršina
- oko 2 žlice suncokretovog ulja, za prženje
- 2 žličice brzo ukiseljenih limunova
- sol i svježe mljeveni crni papar
- RIBLJI ĆEVAPI
- 14 oz / 400 g bahnje ili bilo koje druge bijele ribe s odstranjenom kožom i kostima
- ½ šalice / 30 g svježih krušnih mrvica
- ½ velikog jaja slobodnog uzgoja, istučenog
- 2½ žlice / 20 g nasjeckanih kapara
- ⅔ oz / 20 g nasjeckanog kopra
- 2 zelena luka, sitno nasjeckana
- ribana korica 1 limuna
- 1 žlica svježe iscijeđenog soka od limuna
- ¾ žličice mljevenog kumina
- ½ žličice mljevene kurkume
- ½ žličice soli
- ¼ žličice mljevenog bijelog papra

UPUTE

a) Počnite s patlidžanima. Zapecite, ogulite i ocijedite meso patlidžana prema uputama u receptu za pečeni patlidžan s češnjakom, limunom i sjemenkama nara . Nakon što se dobro ocijedi, grubo nasjeckajte meso i stavite u zdjelu za miješanje. Dodajte jogurt, češnjak, peršin, 1 žličicu soli i dosta crnog papra. Staviti na stranu.

b) Narežite ribu na vrlo tanke kriške, debljine samo oko ⅙ inča / 2 mm. Narežite kriške na sitne kockice i stavite u srednju posudu za miješanje. Dodajte preostale sastojke i dobro promiješajte. Navlažite ruke i oblikujte smjesu u 12 pljeskavica ili prstiju, oko 45 g svaki. Složite na tanjur, pokrijte plastičnom folijom i ostavite u hladnjaku najmanje 30 minuta.

c) Ulijte dovoljno ulja u tavu da se na dnu stvori tanki film i stavite na srednje jaku vatru. Pecite ćevape u serijama 4 do 6 minuta za svaku seriju, okrećući dok ne dobiju boju sa svih strana i dok se ne ispeku.

d) Ćevape poslužite dok su još vrući, 3 komada po porciji, uz zagorene patlidžane i malo ukiseljenog limuna (pazite, limuni uglavnom dominiraju).

51. Pržene skuše sa zlatnom salsom od cikle i naranče

Čini: 4 KAO POČETAK

SASTOJCI
- 1 žlica harissa paste (kupljene u trgovini ili pogledajte recept)
- 1 žličica mljevenog kumina
- 4 fileta skuše (ukupno oko 260 g), s kožom
- 1 srednja zlatna cikla (3½ oz / 100 g ukupno)
- 1 srednja naranča
- 1 manji limun, prepolovljen po širini
- ¼ šalice / 30 g Kalamata maslina bez koštica, narezanih na četvrtine po dužini
- ½ manjeg crvenog luka, sitno nasjeckanog (¼ šalice / 40 g ukupno)
- ¼ šalice / 15 g nasjeckanog ravnog peršina
- ½ žličice sjemenki korijandera, prženih i zgnječenih
- ¾ žličice sjemenki kumina, tostiranih i zgnječenih
- ½ žličice slatke paprike
- ½ žličice čili pahuljica
- 1 žlica ulja od lješnjaka ili oraha
- ½ žličice maslinovog ulja
- sol

UPUTE

a) Pomiješajte harissa pastu, mljeveni kumin i prstohvat soli te smjesu utrljajte u filete skuše. Odložite u hladnjak dok ne bude spremno za kuhanje.

b) Ciklu kuhajte u puno vode oko 20 minuta (može potrajati i dulje, ovisno o sorti), dok ražnjić glatko ne uklizne. Ostavite da se ohladi, zatim ogulite, narežite na kockice od ¼ inča / 0,5 cm i stavite u zdjelu za miješanje.

c) Ogulite naranču i polovicu 1 limuna, riješite se vanjske srži i narežite ih na četvrtine. Uklonite središnju srž i sve sjemenke i izrežite meso na kockice od ¼ inča / 0,5 cm. Dodajte cikli zajedno s maslinama, crvenim lukom i peršinom.

d) U posebnoj zdjeli pomiješajte začine, sok od preostale polovice limuna i orašasto ulje. Izlijte to na mješavinu cikle i naranče, promiješajte i začinite solju po ukusu. Najbolje je salsu ostaviti da odstoji na sobnoj temperaturi najmanje 10 minuta kako bi se svi okusi pomiješali.

e) Neposredno prije posluživanja zagrijte maslinovo ulje u velikoj neprianjajućoj tavi na srednje jakoj vatri. Stavite filete skuše s kožom prema dolje u tavu i kuhajte, jednom okrećući, oko 3 minute, dok ne budu kuhani. Prebacite na tanjure za posluživanje i na vrh nalijte salsu.

52. Kolači od bakalara u umaku od rajčice

Proizvodi: 4

SASTOJCI
- 3 kriške bijelog kruha, uklonjene kore (oko 2 oz / 60 g ukupno)
- 1⅓ lb / 600 g fileta bakalara, iverka, oslića ili polloka, bez kože i kostiju
- 1 srednja glavica luka, sitno nasjeckana (oko 1 šalica / 150 g ukupno)
- 4 češnja češnjaka, zgnječena
- 1 oz / 30 g ravnog lista peršina, sitno nasjeckanog
- 30 g cilantra, sitno nasjeckanog
- 1 žlica mljevenog kumina
- 1½ žličice soli
- 2 ekstra velika jaja iz slobodnog uzgoja, istučena
- 4 žlice maslinovog ulja
- UMAK OD RAJČICE
- 2½ žlice maslinovog ulja
- 1½ žličice mljevenog kumina
- ½ žličice slatke paprike
- 1 žličica mljevenog korijandera
- 1 srednja glavica luka, nasjeckana
- ½ šalice / 125 ml suhog bijelog vina
- jedna konzerva nasjeckanih rajčica od 400 g
- 1 crveni čili, bez sjemenki i sitno nasjeckan
- 1 češanj češnjaka, zgnječen
- 2 žličice super finog šećera
- 2 žlice listova metvice, grubo nasjeckanih
- sol i svježe mljeveni crni papar

UPUTE

a) Prvo napravite umak od rajčice. Zagrijte maslinovo ulje na srednje jakoj vatri u jako velikoj tavi za koju imate poklopac. Dodajte začine i luk te kuhajte 8 do 10 minuta, dok luk potpuno ne omekša. Dodajte vino i pirjajte 3 minute. Dodajte rajčice, čili, češnjak, šećer, ½ žličice soli i malo crnog papra. Pirjajte oko 15 minuta, dok se ne zgusne. Kušajte da prilagodite začine i ostavite sa strane.

b) Dok se umak kuha napravite riblje pogačice. Stavite kruh u multipraktik i pržite da dobijete krušne mrvice. Ribu nasjeckajte na vrlo sitno i stavite u zdjelu zajedno s kruhom i svim ostalim osim maslinovog ulja. Dobro izmiješajte, a zatim rukama oblikujte smjesu u kompaktne kolače debljine oko ¾ inča / 2 cm i promjera 3¼ inča / 8 cm. Trebali biste imati 8 kolača. Ako su jako mekani, ostavite u hladnjaku 30 minuta da se stegne. (Također možete dodati malo suhih krušnih mrvica u smjesu, ali to činite štedljivo; kolači moraju biti prilično mokri.)

c) Zagrijte polovicu maslinovog ulja u tavi na srednje jakoj vatri, dodajte polovicu kolačića i pržite 3 minute sa svake strane, dok dobro ne porumene. Ponovite s preostalim kolačima i uljem.

d) Nježno stavite pečene kolače jedan do drugog u umak od rajčice; možete ih malo stisnuti tako da sve stanu. Dodajte tek toliko vode da djelomično prekrije kolače (otprilike 1 šalica / 200 ml). Pokrijte posudu poklopcem i kuhajte na vrlo laganoj vatri 15 do 20 minuta. Ugasite vatru i ostavite kolače da se slegnu, bez poklopca, najmanje 10 minuta prije nego što ih poslužite tople ili na sobnoj temperaturi, posute mentom.

53. Riblji ražnjići na žaru s hawayejom i peršinom

Čini: 4 DO 6

SASTOJCI

- 2¼ lb / 1 kg čvrstih fileta bijele ribe, poput grdobine ili iverka, s kožom, uklonjenim kostima i izrezanim na kockice od 1 inča / 2,5 cm
- 1 šalica / 50 g sitno sjeckanog plosnatog peršina
- 2 velika češnja češnjaka, zgnječena
- ½ žličice čili pahuljica
- 1 žlica svježe iscijeđenog soka od limuna
- 2 žlice maslinovog ulja
- sol
- kriške limuna, za posluživanje
- 15 do 18 dugih bambusovih ražnjića, namočenih u vodi 1 sat
- HAWAYEJ MJEŠAVINA ZAČINA
- 1 žličica crnog papra u zrnu
- 1 žličica sjemenki korijandera
- 1½ žličice sjemenki kumina
- 4 cijela klinčića
- ½ žličice mljevenog kardamoma
- 1½ žličice mljevene kurkume

UPUTE

a) Počnite s hawayej mješavinom. Stavite papar u zrnu, korijander, kumin i klinčiće u mlinac za začine ili mužar i izradite dok se ne samelju. Dodajte mljeveni kardamom i kurkumu, dobro promiješajte i prebacite u veliku zdjelu za miješanje.

b) Stavite ribu, peršin, češnjak, čili pahuljice, limunov sok i 1 žličicu soli u zdjelu sa hawayej začinima. Dobro promiješajte rukama, masirajući ribu u mješavini začina dok svi komadi nisu dobro obloženi. Pokrijte zdjelu i, idealno, ostavite da se marinira u hladnjaku 6 do 12 sati. Ako ne možete odvojiti to vrijeme, ne brinite; sat vremena bi također trebalo biti u redu.

c) Rebrastu tavu stavite na jaku vatru i ostavite oko 4 minute dok se ne zagrije. U međuvremenu, komade ribe navucite na ražnjiće, 5 do 6 komada na svakom, pazeći da ostavite razmake između komada. Ribu lagano premažite s malo maslinovog ulja i stavite ražnjiće na vruću rešetku u 3 do 4 dijela da ne budu preblizu. Pecite na roštilju oko 1½ minute sa svake strane, dok riba ne bude pečena. Alternativno, pecite ih na roštilju ili ispod pečenja, gdje će im trebati oko 2 minute sa svake strane da se ispeku.

d) Poslužite odmah s kriškama limuna.

54. Kozice, jakobove kapice i školjke s rajčicom i fetom

Čini: 4 KAO POČETAK

SASTOJCI
- 1 šalica / 250 ml bijelog vina
- Školjke od 2¼ lb / 1 kg, oribane
- 3 češnja češnjaka, tanko narezana
- 3 žlice maslinovog ulja, plus još za kraj
- 3½ šalice / 600 g oguljenih i nasjeckanih talijanskih rajčica (svježih ili konzerviranih)
- 1 žličica super finog šećera
- 2 žlice nasjeckanog origana
- 1 limun
- 200 g tigrastih kozica, oguljenih i očišćenih
- 200 g velikih kapica (ako su jako velike, prerežite ih vodoravno na pola)
- 4 oz / 120 g feta sira, izlomljenog na komade od ¾ inča / 2 cm
- 3 zelena luka, tanko narezana
- sol i svježe mljeveni crni papar

UPUTE

a) Stavite vino u srednju posudu i kuhajte dok se ne smanji za tri četvrtine. Dodajte školjke, odmah poklopite poklopcem i kuhajte na jakoj vatri oko 2 minute uz povremeno protresanje posude dok se školjke ne otvore. Prebacite u fino sito da se ocijedi, skupljajući sokove od kuhanja u zdjelu. Odbacite sve školjke koje se ne otvore, a zatim uklonite ostatak iz njihovih ljuski, ostavljajući nekoliko s njihovim ljuskama da završe jelo, ako želite.

b) Zagrijte pećnicu na 475°F / 240°C.

c) U velikoj tavi kuhajte češnjak na maslinovom ulju na srednje jakoj vatri oko 1 minutu, dok ne porumeni. Pažljivo dodajte rajčice, tekućinu od školjki, šećer, origano te malo soli i papra. S limuna skinite 3 korice, dodajte ih i lagano kuhajte 20 do 25 minuta dok se umak ne zgusne. Probajte i dodajte soli i papra po potrebi. Odbacite limunovu koricu.

d) Dodajte kozice i jakobove kapice, lagano promiješajte i kuhajte samo minutu-dvije. Ubacite školjke i sve prebacite u manju vatrostalnu posudu. Komadiće fete potopite u umak i pospite zelenim lukom. Odozgo stavite nekoliko školjki u ljušturama, ako želite, i stavite u pećnicu na 3 do 5 minuta, dok vrh malo ne oboji, a kozice i jakobove kapice tek budu kuhani. Izvadite posudu iz pećnice, na vrh iscijedite malo limunovog soka i završite pokapanom maslinovim uljem.

55. Odresci lososa u Chraimeh umaku

Proizvodi: 4

SASTOJCI
- ½ šalice / 110 ml suncokretovog ulja
- 3 žlice višenamjenskog brašna
- 4 odreska lososa, oko 1 lb / 950 g
- 6 češnja češnjaka, grubo nasjeckanog
- 2 žličice slatke paprike
- 1 žlica sjemenki kima, suho prženih i svježe mljevenih
- 1½ žličice mljevenog kumina
- zaobljene ¼ žličice kajenskog papra
- zaobljene ¼ žličice mljevenog cimeta
- 1 zeleni čili, grubo nasjeckan
- ⅔ šalice / 150 ml vode
- 3 žlice paste od rajčice
- 2 žličice super finog šećera
- 1 limun, izrezan na 4 kriške, plus 2 žlice svježe iscijeđenog soka od limuna
- 2 žlice grubo nasjeckanog cilantra
- sol i svježe mljeveni crni papar

UPUTE

a) Zagrijte 2 žlice suncokretovog ulja na jakoj vatri u velikoj tavi za koju imate poklopac. U plitku zdjelu stavite brašno, obilno ga začinite solju i paprom i u njega ubacite ribu. Otresite višak brašna i pecite ribu minutu-dvije sa svake strane, dok ne porumeni. Izvadite ribu i obrišite tavu.

b) Stavite češnjak, začine, čili i 2 žlice suncokretovog ulja u procesor hrane i miksajte da dobijete gustu pastu. Možda ćete morati dodati još malo ulja da se sve sjedini.

c) U tavu ulijte preostalo ulje, dobro zagrijte i dodajte začinsko tijesto. Miješajte i pržite svega 30 sekundi, da začini ne zagore. Brzo, ali pažljivo (može pljunuti!) dodajte vodu i pastu od rajčice da spriječite kuhanje začina. Zakuhajte i dodajte šećer, limunov sok, ¾ žličice soli i malo papra. Okus za začin.

d) Stavite ribu u umak, lagano kuhajte, poklopite posudu i kuhajte 7 do 11 minuta, ovisno o veličini ribe, dok ne bude gotova. Skloniti posudu sa vatre, skinuti poklopac i ostaviti da se ohladi. Ribu poslužite toplu ili na sobnoj temperaturi. Svaku porciju ukrasite cilantrom i kriškom limuna.

56. Marinirana slatko-kisela riba

Proizvodi: 4

SASTOJCI
- 3 žlice maslinovog ulja
- 2 srednje glavice luka, narezane na kriške od ⅜ inča / 1 cm (3 šalice / 350 g ukupno)
- 1 žlica sjemenki korijandera
- 2 paprike (1 crvena i 1 žuta), prepolovljene po dužini, očišćene od sjemenki i narezane na trake ⅜ inča / 1 cm široke (3 šalice / 300 g ukupno)
- 2 češnja češnjaka, zgnječena
- 3 lista lovora
- 1½ žlice curryja u prahu
- 3 rajčice, nasjeckane (2 šalice / 320 g ukupno)
- 2½ žlice šećera
- 5 žlica jabukovače octa
- 1 lb / 500 g poljoka, bakalara, iverka, bakalara ili druge bijele ribe, podijeljenih na 4 jednaka komada
- začinjeno višenamjensko brašno, za posipanje
- 2 ekstra velika jaja, istučena
- ⅓ šalice / 20 g nasjeckanog cilantra

sol i svježe mljeveni crni papar

UPUTE

a) Zagrijte pećnicu na 375°F / 190°C.

b) Zagrijte 2 žlice maslinovog ulja u velikoj tavi otpornoj na pećnicu ili u pećnici na srednje jakoj vatri. Dodajte luk i sjemenke korijandera i kuhajte 5 minuta, često miješajući. Dodajte paprike i kuhajte još 10 minuta. Dodajte češnjak, lovor, curry prah i rajčice te kuhajte još 8 minuta uz povremeno miješanje. Dodajte šećer, ocat, 1½ žličice soli i malo crnog papra i nastavite kuhati još 5 minuta.

c) U međuvremenu zagrijte preostalu 1 žlicu ulja u zasebnoj tavi na srednje jakoj vatri. Ribu pospite malo soli, umočite u brašno, zatim u jaja i pecite oko 3 minute, jednom okrećući. Premjestite ribu na papirnate ručnike da upiju višak ulja, zatim dodajte u tavu s paprikom i lukom, gurnuvši povrće u stranu da riba sjedne na dno posude. Dodajte dovoljno vode samo da ribu uronite (oko 1 šalica / 250 ml) u tekućinu.

d) Posudu stavite u pećnicu na 10 do 12 minuta, dok riba ne bude pečena. Izvadite iz pećnice i ostavite da se ohladi na sobnoj temperaturi. Riba se sada može poslužiti, ali zapravo je bolja nakon dan-dva u hladnjaku. Prije posluživanja kušajte i po potrebi posolite i popaprite te ukrasite cilantrom.

57. Butternut squash & tahini namaz

Čini: 6 DO 8

SASTOJCI
- 1 vrlo velika butternut tikva (oko 2½ lb / 1,2 kg), oguljena i narezana na komade (7 šalica / 970 g ukupno)
- 3 žlice maslinovog ulja
- 1 žličica mljevenog cimeta
- 5 žlica / 70 g svijetle tahini paste
- ½ šalice / 120 g grčkog jogurta
- 2 mala češnja češnjaka, zgnječena
- 1 žličica miješanog crnog i bijelog sezama (ili samo bijelog, ako nemate crnog)
- 1½ žličice sirupa od datulja
- 2 žlice nasjeckanog cilantra (po želji)
- sol

UPUTE
a) Zagrijte pećnicu na 400°F / 200°C.
b) Raširite tikvicu u tavu srednje veličine. Prelijte maslinovim uljem i pospite cimetom i ½ žličice soli. Sve dobro promiješajte, posudu čvrsto prekrijte aluminijskom folijom i pecite u pećnici 70 minuta uz miješanje tijekom pečenja. Izvaditi iz pećnice i ostaviti da se ohladi.
c) Prebacite tikvicu u procesor hrane, zajedno s tahinijem, jogurtom i češnjakom. Grubo izmiksajte tako da se sve sjedini u grubu pastu, a da namaz ne postane gladak; to možete učiniti i ručno pomoću vilice ili gnječilice za krumpir.
d) Rasporedite butternut u valovitom uzorku preko ravnog tanjura i pospite sjemenkama sezama, pokapajte sirupom i završite s cilantrom, ako ga koristite.

58. polpettone

Proizvodi: 8

SASTOJCI
- 3 velika jaja slobodnog uzgoja
- 1 žlica nasjeckanog plosnatog peršina
- 2 žličice maslinovog ulja
- 1 lb / 500 g mljevene junetine
- 1 šalica / 100 g krušnih mrvica
- ½ šalice / 60 g neslanih pistacija
- ½ šalice / 80 g kornišona (3 ili 4), narezanih na komade od ⅜ inča / 1 cm
- 200 g kuhanog goveđeg jezika (ili šunke), narezanog na tanke ploške
- 1 veća mrkva, narezana na kockice
- 2 stabljike celera, narezane na kockice
- 1 grančica majčine dušice
- 2 lista lovora
- ½ luka, narezanog na ploške
- 1 žličica temeljca od pilećeg temeljca
- kipuće vode, kuhati
- sol i svježe mljeveni crni papar

SALSINA VERDE
- 2 oz / 50 g ravnih grančica peršina
- 1 češanj češnjaka, zgnječen
- 1 žlica kapara
- 1 žlica svježe iscijeđenog soka od limuna
- 1 žlica bijelog vinskog octa
- 1 veliko jaje slobodnog uzgoja, tvrdo kuhano i oguljeno
- ⅔ šalice / 150 ml maslinovog ulja
- 3 žlice krušnih mrvica, po mogućnosti svježih
- sol i svježe mljeveni crni papar

UPUTE

a) Počnite s izradom ravnog omleta. Umutite 2 jaja, nasjeckani peršin i prstohvat soli. Zagrijte maslinovo ulje u velikoj tavi (promjera oko 11 inča / 28 cm) na srednje jakoj vatri i ulijte jaja. Kuhajte 2 do 3 minute, bez miješanja, dok se jaja ne slože u tanki omlet. Ostavite sa strane da se ohladi.

b) U velikoj zdjeli pomiješajte govedinu, krušne mrvice, pistacije, kornišone, preostalo jaje, 1 žličicu soli i ½ žličice papra. Položite veliku čistu kuhinjsku krpu (možda ćete htjeti upotrijebiti staru koju se ne želite riješiti; čišćenje će biti mala prijetnja) preko radne površine. Sada uzmite mješavinu mesa i rasporedite je po ručniku, oblikujući je rukama u pravokutni disk, ⅜ inča / 1 cm debljine i otprilike 12 x 10 inča / 30 x 25 cm. Neka rubovi tkanine budu čisti.

c) Pokrijte meso ploškama jezika, ostavljajući ¾ inča / 2 cm oko ruba. Omlet narežite na 4 široke trake i ravnomjerno rasporedite po jeziku.

d) Podignite krpu kako biste lakše počeli smotati meso prema unutra s jedne od njegovih širokih strana. Nastavite motati meso u veliki oblik kobasice, uz pomoć ručnika. Na kraju želite čvrstu štrucu nalik želeu, s mljevenom govedinom izvana i omletom u sredini. Pokrijte štrucu ručnikom, dobro je zamotajte tako da bude zatvorena iznutra. Zavežite krajeve uzicom i ugurajte višak tkanine ispod cjepanice tako da na kraju dobijete čvrsto svezani svežanj.

e) Stavite svežanj u veliku tavu ili pećnicu. Mrkvu, celer, majčinu dušicu, lovor, luk i temeljac nabacite oko štruce i prelijte kipućom vodom da je skoro prekrije. Pokrijte lonac poklopcem i ostavite da se kuha 2 sata.

f) Izvadite štrucu iz tave i ostavite je sa strane da se malo tekućine ocijedi (poširani temeljac bio bi izvrstan temeljac za juhu). Nakon otprilike 30 minuta, stavite nešto teško na vrh kako biste uklonili više soka. Nakon što postigne sobnu temperaturu, stavite mesnu štrucu u hladnjak, još prekrivenu krpom, da se dobro ohladi, 3 do 4 sata.

g) Za umak sve sastojke stavite u multipraktik i izmiksajte do grube konzistencije (ili, za rustikalni izgled, ručno nasjeckajte peršin, kapare i jaje i promiješajte s ostalim sastojcima). Kušajte i prilagodite začine.

h) Za posluživanje izvadite štrucu s ručnika, narežite je na kriške debljine ⅜ inča / 1 cm i stavite u sloj na tanjur za posluživanje. Umak poslužite sa strane.

59. Pougljenjena bamija s rajčicom

Priprema: 2 KAO PRILOG

SASTOJCI
- 10½ oz / 300 g baby ili vrlo male bamije
- 2 žlice maslinovog ulja, plus još ako je potrebno
- 4 češnja češnjaka, tanko narezana
- ⅔ oz / 20 g konzervirane limunove kore (kupljene u trgovini ili pogledajte recept), izrezane na kriške od ⅜ inča / 1 cm
- 3 male rajčice (ukupno 200 g), izrezane na 8 kriški, ili prepolovljene cherry rajčice
- 1½ žličice nasjeckanog ravnog peršina
- 1½ žličice nasjeckanog cilantra
- 1 žlica svježe iscijeđenog soka od limuna
- Maldonska morska sol i svježe mljeveni crni papar

UPUTE
a) Malim, oštrim nožem za voće odrežite mahune bamije, uklanjajući stabljiku neposredno iznad mahune kako ne biste otkrili sjemenke.

b) Stavite veliku tavu s debelim dnom na jaku vatru i ostavite nekoliko minuta. Kad se gotovo užari, ubacite bamiju u dva dijela i kuhajte na suho, povremeno protresajući tavu, 4 minute po obroku. Mahune bamije trebale bi imati povremene tamne mjehuriće.

c) Vratite svu zagorenu bamiju u tavu i dodajte maslinovo ulje, češnjak i sačuvani limun. Pržite uz miješanje 2 minute, tresući tavu. Smanjite vatru na srednju i dodajte rajčice, 2 žlice vode, nasjeckano bilje, limunov sok i ½ žličice soli i malo crnog papra. Sve zajedno lagano promiješajte da se rajčice ne raspadnu i nastavite kuhati 2 do 3 minute dok se rajčice ne ugriju. Prebacite u posudu za posluživanje, pokapajte s još maslinova ulja, posolite i poslužite.

60. Zagorjeli patlidžan sa Sjemenke nara

Izrađuje: 4 KAO DIO MEZE PLOČE

SASTOJCI
- 4 velika patlidžana (3¼ lb / 1,5 kg prije kuhanja; 2½ šalice / 550 g nakon spaljivanja i ocijeđenja mesa)
- 2 češnja češnjaka, zgnječena
- naribane korice 1 limuna i 2 žlice svježe iscijeđenog soka od limuna
- 5 žlica maslinovog ulja
- 2 žlice nasjeckanog plosnatog peršina
- 2 žlice nasjeckane metvice
- sjemenke ½ velikog nara (½ šalice / 80 g ukupno)
- sol i svježe mljeveni crni papar

UPUTE

a) Ako imate plinski štednjak, obložite bazu aluminijskom folijom kako biste je zaštitili, držeći samo plamenike izložene. Stavite patlidžane izravno na četiri odvojena plinska plamenika sa srednjim plamenom i pecite ih 15 do 18 minuta, dok koža ne izgori i ljušti se, a meso ne omekša. Koristite metalne hvataljke da ih povremeno okrenete. Alternativno, zarežite patlidžane nožem na nekoliko mjesta, oko ¾ inča / 2 cm duboko, i stavite ih na lim za pečenje ispod vruće pečenice oko sat vremena. Okrenite ih svakih 20-ak minuta i nastavite kuhati čak i ako puknu i slome se.

b) Skinite patlidžane s vatre i ostavite ih da se malo ohlade. Kad se dovoljno ohladi za rukovanje, izrežite otvor duž svakog patlidžana i izdubite meko meso, rukama ga podijelite na dugačke tanke trake. Odbacite kožu. Ocijedite meso u cjedilu najmanje sat vremena, po mogućnosti i dulje, kako biste se riješili što više vode.

c) Stavite pulpu patlidžana u srednju zdjelu i dodajte češnjak, limunovu koricu i sok, maslinovo ulje, ½ žličice soli i dobro mljeveni crni papar. Promiješajte i ostavite patlidžan da se marinira na sobnoj temperaturi najmanje sat vremena.

d) Kada ste spremni za posluživanje, pomiješajte većinu začina i okusite začine. Natrpajte visoko na tanjur za posluživanje, pospite po sjemenkama nara i ukrasite preostalim začinskim biljem.

61. Tabule

Čini: 4 VELIKOdušno

SASTOJCI
- ½ šalice / 30 g finog bulgur pšenice
- 2 velike rajčice, zrele ali čvrste (10½ oz / 300 g ukupno)
- 1 ljutika, sitno nasjeckana (3 žlice / 30 g ukupno)
- 3 žlice svježe iscijeđenog soka od limuna, plus malo više za kraj
- 4 velike vezice ravnog peršina (5½ oz / 160 g ukupno)
- 2 vezice mente (ukupno 30 g)
- 2 žličice mljevene pimente
- 1 žličica baharat mješavine začina (kupite u trgovini ili pogledajte recept)
- ½ šalice / 80 ml vrhunskog maslinovog ulja
- sjemenke oko ½ velikog nara (½ šalice / 70 g ukupno), po želji
- sol i svježe mljeveni crni papar

UPUTE

a) Stavite bulgur u fino sito i pustite ga pod hladnom vodom dok voda koja izlazi ne postane bistra i dok se većina škroba ne ukloni. Prebacite u veliku zdjelu za miješanje.

b) Malim nazubljenim nožem narežite rajčice na kriške debljine ¼ inča / 0,5 cm. Izrežite svaku krišku na trake od ¼ inča / 0,5 cm, a zatim na kockice. Dodajte rajčice i njihove sokove u zdjelu, zajedno sa ljutikom i limunovim sokom i dobro promiješajte.

c) Uzmite nekoliko grančica peršina i čvrsto ih skupite. Koristite veliki, vrlo oštar nož da odrežete većinu stabljika i odbacite. Sada upotrijebite nož za pomicanje stabljika i listova, postupno "hraneći" nož kako biste nasjeckali peršin što sitnije možete i pokušavajući izbjeći rezanje komada širih od 1/16 inča / 1 mm. Dodajte u zdjelu.

d) Listove metvice skinite sa stabljika, nekoliko ih čvrsto skupite i sitno nasjeckajte kao što ste učinili peršin; nemojte ih previše usitniti jer mogu izgubiti boju. Dodajte u zdjelu.

e) Na kraju dodajte alevu papriku, baharat, maslinovo ulje, šipak, ako koristite, te malo soli i papra. Probajte i po želji dodajte još soli i papra, eventualno malo limunovog soka i poslužite.

62. Pečeni krumpir s karamelom i suhim šljivama

Proizvodi: 4
SASTOJCI
- 2¼ lb / 1 kg brašnastog krumpira, kao što je crvenkasti
- ½ šalice / 120 ml guščje masti
- 5 oz / 150 g cijelih mekih Agen suhih šljiva bez koštice
- ½ šalice / 90 g najfinijeg šećera
- 3½ žlice / 50 ml ledene vode
- sol

UPUTE

a) Zagrijte pećnicu na 475°F / 240°C.

b) Ogulite krumpire, male ostavite cijele, a veće prepolovite, tako da na kraju dobijete komade od oko 60 g. Isperite pod hladnom vodom, a zatim stavite krumpir u veliku tavu s puno svježe hladne vode. Zakuhajte i kuhajte 8 do 10 minuta. Dobro ocijedite krumpire, a zatim protresite cjedilo da im rubovi budu grubi.

c) Guščju mast stavite u posudu za pečenje i zagrijte u pećnici dok se ne zadimi, oko 8 minuta. Pažljivo izvadite posudu iz pećnice i na vruću masnoću metalnim hvataljkama dodajte kuhani krumpir, valjajući ga pritom u masnoći. Lagano stavite posudu na najvišu rešetku pećnice i pecite 50 do 65 minuta ili dok krumpir ne postane zlatan i hrskav izvana. Dok se kuhaju s vremena na vrijeme ih okrenite.

d) Kad su krumpiri skoro gotovi, izvadite pleh iz pećnice i prevrnite ga preko zdjele otporne na toplinu kako biste uklonili većinu masnoće. Dodajte ½ žličice soli i suhe šljive te lagano promiješajte. Vratite u pećnicu na još 5 minuta.

e) Za to vrijeme napravite karamel. Stavite šećer u čistu posudu s debelim dnom i stavite je na laganu vatru. Bez miješanja, gledajte kako šećer dobiva bogatu boju karamele. Pazite da cijelo vrijeme držite pogled na šećeru. Čim postignete ovu boju maknite posudu s vatre. Držeći tavu na sigurnoj udaljenosti od lica, brzo ulijte ledenu vodu u karamel kako biste spriječili kuhanje. Vratite na vatru i miješajte da uklonite grudice šećera.

f) Prije posluživanja umiješajte karamel u krumpir i suhe šljive. Prebacite u zdjelu za posluživanje i pojedite odjednom.

63. Blitva s tahinijem, jogurtom i pinjolima na maslacu

Proizvodi: 4

SASTOJCI
- 2¾ lb / 1,3 kg blitve
- 2½ žlice / 40 g neslanog maslaca
- 2 žlice maslinovog ulja, plus još za kraj
- 5 žlica / 40 g pinjola
- 2 mala češnja češnjaka, vrlo tanko narezana
- ¼ šalice / 60 ml suhog bijelog vina
- slatka paprika, za ukras (po želji)
- sol i svježe mljeveni crni papar

TAHINI I UMAK OD JOGURT
- 3½ žlice / 50 g svijetle tahini paste
- 4½ žlice / 50 g grčkog jogurta
- 2 žlice svježe iscijeđenog soka od limuna
- 1 češanj češnjaka, zgnječen
- 2 žlice vode

UPUTE
a) Počnite s umakom. Stavite sve sastojke u zdjelu srednje veličine, dodajte prstohvat soli i dobro promiješajte malom pjenjačom dok ne dobijete glatku, polutvrdu pastu. Staviti na stranu.

b) Oštrim nožem odvojite stabljike bijele blitve od zelenih listova i narežite oboje na kriške širine ¾ inča / 2 cm, držeći ih odvojeno. Zakuhajte veću posudu sa slanom vodom i dodajte stabljike blitve. Kuhajte 2 minute, dodajte listove i kuhajte još minutu. Ocijedite i dobro isperite pod hladnom vodom. Pustite da voda iscuri pa rukama cijedite blitvu dok se potpuno ne osuši.

c) Stavite pola maslaca i 2 žlice maslinovog ulja u veliku tavu i stavite na srednju vatru. Kad se zagrije, dodajte pinjole i miješajte ih u tavi dok ne porumene, oko 2 minute. Šupičastom žlicom izvadite ih iz tave, a zatim ubacite češnjak. Kuhajte oko minutu, dok ne počne dobivati zlatnu boju. Pažljivo (pljunut će!) ulijte vino. Ostavite minutu ili manje, dok se ne smanji na otprilike jednu trećinu. Dodajte blitvu i ostatak maslaca te kuhajte 2 do 3 minute uz povremeno miješanje dok se blitva potpuno ne ugrije. Začinite s ½ žličice soli i malo crnog papra.

d)   Podijelite blitvu u pojedinačne zdjelice za posluživanje, na vrh nalijte malo tahini umaka i pospite pinjolima. Na kraju pokapajte maslinovim uljem i po želji pospite malo paprike.

64. Riža sa šafranom s žutikama, pistacijama i mješavinom začinskog bilja

Proizvodi: 6

SASTOJCI
- 2½ žlice / 40 g neslanog maslaca
- 2 šalice / 360 g basmati riže, isprane hladnom vodom i dobro ocijeđene
- 2⅓ šalice / 560 ml kipuće vode
- 1 žličica niti šafrana, natopljena u 3 žlice kipuće vode 30 minuta
- ¼ šalice / 40 g suhih žutika, natopljenih nekoliko minuta u kipućoj vodi s prstohvatom šećera
- 30 g kopra, grubo nasjeckanog
- ⅔ oz / 20 g krupno nasjeckanog čebula
- ⅓ oz / 10 g estragona, grubo nasjeckanog
- ½ šalice / 60 g nasjeckanih ili zgnječenih neslanih pistacija, lagano tostiranih
- sol i svježe mljeveni bijeli papar

UPUTE

a) Otopite maslac u srednje velikoj tavi i umiješajte rižu, pazeći da zrna budu dobro obložena maslacem. Dodajte kipuću vodu, 1 žličicu soli i malo bijelog papra. Dobro promiješajte, pokrijte čvrstim poklopcem i ostavite da kuha na vrlo laganoj vatri 15 minuta. Nemojte doći u iskušenje da otkrijete posudu; morat ćete pustiti da se riža pravilno skuha.

b) Uklonite posudu s rižom s vatre – riža će upiti svu vodu – i prelijte vodu sa šafranom preko jedne strane riže, pokrivajući otprilike jednu četvrtinu površine i ostavljajući većinu bijelom. Posudu odmah pokrijte kuhinjskom krpom i ponovno čvrsto zatvorite poklopcem. Ostavite sa strane 5 do 10 minuta.

c) Velikom žlicom izvadite bijeli dio riže u veliku zdjelu za miješanje i izmiješajte je vilicom. Ocijedite bobice i umiješajte ih, zatim začinsko bilje i većinu pistacija , a nekoliko ostavite za ukrašavanje. Dobro promiješajte. Rižu sa šafranom rahljajte vilicom i nježno je umiješajte u bijelu rižu. Nemojte pretjerano miješati—ne želite da bijela zrnca budu obojena žutim. Kušajte i prilagodite začine. Prebacite rižu u plitku zdjelu za posluživanje i pospite preostale pistacije po vrhu. Poslužite toplo ili na sobnoj temperaturi.

65. Sabih

Proizvodi: 4

SASTOJCI
- 2 velika patlidžana (ukupno oko 1⅔ lb / 750 g)
- oko 1¼ šalice / 300 ml suncokretovog ulja
- 4 kriške kvalitetnog bijelog kruha, prepečenog ili svježe i vlažne mini pita
- 1 šalica / 240 ml Tahini umaka
- 4 velika jaja iz slobodnog uzgoja, tvrdo kuhana, oguljena i narezana na kriške debljine ⅜ inča / 1 cm ili na četvrtine
- oko 4 žlice Zhoug
- amba ili slani mango kiseli krastavac (po želji)
- sol i svježe mljeveni crni papar

SJECKANA SALATA
- 2 srednje zrele rajčice, narezane na kockice od ⅜ inča / 1 cm (oko 1 šalica / 200 g ukupno)
- 2 mala krastavca, izrezana na kockice od ⅜ inča / 1 cm (oko 1 šalica / 120 g ukupno)
- 2 zelena luka, tanko narezana
- 1½ žlice nasjeckanog plosnatog peršina
- 2 žličice svježe iscijeđenog soka od limuna
- 1½ žlice maslinovog ulja

UPUTE

a) Gulilicom za povrće ogulite trake patlidžana od vrha prema dolje, ostavljajući patlidžane s izmjeničnim trakama crne kožice i bijelog mesa, poput zebraste boje. Oba patlidžana narežite po širini na kriške debljine 2,5 cm. Pospite ih s obje strane solju, zatim ih raširite na lim za pečenje i ostavite da odstoje barem 30 minuta kako bi skinuli malo vode. Za brisanje koristite papirnate ručnike.

b) U širokoj tavi zagrijte suncokretovo ulje. Pažljivo – kaplje ulje – pržite kriške patlidžana u serijama dok ne postanu lijepe i potamne, okrećući jednom, ukupno 6 do 8 minuta. Dodajte ulje ako je potrebno dok kuhate šarže. Kad su gotovi, komadići patlidžana trebaju biti potpuno mekani u sredini. Izvadite iz posude i ocijedite na papirnatim ubrusima.

c) Sjeckanu salatu napravite tako da sve sastojke pomiješate i začinite solju i paprom po ukusu.

d) Neposredno prije posluživanja na svaki tanjur stavite 1 šnitu kruha ili pita. Žlicom nanesite 1 žlicu tahini umaka na svaku krišku, zatim rasporedite kriške patlidžana na vrh, preklapajući se. Prelijte još malo tahinija, ali bez potpunog pokrivanja kriški patlidžana. Svaku krišku jajeta posolite i popaprite i posložite preko patlidžana. Pospite još malo tahinija na vrh i žlicom dodajte onoliko zhouga koliko želite; budi oprezan, vruće je! Žlicom dodajte i kiseli krastavac manga, ako želite. Poslužite salatu od povrća sa strane, po želji žlicom stavite malo na vrh svake porcije.

66. Mejadra

Proizvodi: 6

SASTOJCI
- 1¼ šalice / 250 g zelene ili smeđe leće
- 4 srednje glavice luka (1½ lb / 700 g prije guljenja)
- 3 žlice višenamjenskog brašna
- oko 1 šalica / 250 ml suncokretovog ulja
- 2 žličice sjemenki kumina
- 1½ žlice sjemenki korijandera
- 1 šalica / 200 g basmati riže
- 2 žlice maslinovog ulja
- ½ žličice mljevene kurkume
- 1½ žličice mljevene pimente
- 1½ žličice mljevenog cimeta
- 1 žličica šećera
- 1½ šalice / 350 ml vode
- sol i svježe mljeveni crni papar

UPUTE
a) Stavite leću u manji lonac, podlijte s puno vode, pustite da zakipi i kuhajte 12 do 15 minuta, dok leća ne omekša, ali još uvijek malo gricka. Ocijedite i ostavite sa strane.

b) Luk ogulite i sitno narežite. Stavite na veliki ravni tanjur, pospite brašnom i 1 žličicom soli i dobro promiješajte rukama. Zagrijte suncokretovo ulje u loncu srednje debelog dna na visokoj vatri. Uvjerite se da je ulje vruće bacivši mali komad luka; trebao bi snažno cvrčati. Smanjite vatru na srednje jaku i oprezno (može pljunuti!) dodajte trećinu narezanog luka. Pržite 5 do 7 minuta uz povremeno miješanje rešetkastom žlicom dok luk ne poprimi lijepu zlatnosmeđu boju i postane hrskav (temperaturu namjestite da se luk prebrzo ne prži i zagori). Žlicom prebacite luk u cjedilo obloženo papirnatim ručnicima i pospite s još malo soli. Učinite isto s druge dvije serije luka; dodajte još malo ulja ako je potrebno.

c) Posudu u kojoj ste pržili luk očistite i stavite kumin i korijander. Stavite na srednju vatru i pržite sjemenke minutu ili dvije. Dodajte rižu, maslinovo ulje, kurkumu, piment, cimet, šećer, ½ žličice soli i dosta crnog papra. Promiješajte da se riža prekrije uljem pa dodajte kuhanu leću i vodu. Zakuhajte, poklopite poklopcem i kuhajte na vrlo laganoj vatri 15 minuta.

d) Maknite s vatre, podignite poklopac i brzo pokrijte posudu čistom kuhinjskom krpom. Dobro zatvorite poklopcem i ostavite sa strane 10 minuta.

e) Na kraju u rižu i leću dodajte pola prepržneog luka i lagano promiješajte vilicom. Stavite smjesu u plitku zdjelu za posluživanje i pospite ostatkom luka.

67. Bobice pšenice i blitva s melasom od nara

Proizvodi: 4

SASTOJCI
- 1⅓ lb / 600 g blitve ili dugine blitve
- 2 žlice maslinovog ulja
- 1 žlica neslanog maslaca
- 2 velika poriluka, bijeli i blijedozeleni dijelovi, tanko narezani (3 šalice / 350 g ukupno)
- 2 žlice svijetlo smeđeg šećera
- oko 3 žlice melase od nara
- 1¼ šalice / 200 g oljuštenih ili neoljuštenih pšeničnih bobica
- 2 šalice / 500 ml pilećeg temeljca
- sol i svježe mljeveni crni papar
- Grčki jogurt, za posluživanje

UPUTE
a) Malim oštrim nožem odvojite bijele stabljike blitve od zelenih listova. Narežite stabljike na kriške od ⅜ inča / 1 cm, a lišće na kriške od ¾ inča / 2 cm.
b) Zagrijte ulje i maslac u velikoj tavi s debelim dnom. Dodajte poriluk i kuhajte uz miješanje 3 do 4 minute. Dodajte stabljike blitve i kuhajte 3 minute, zatim dodajte listove i kuhajte još 3 minute. Dodajte šećer, 3 žlice melase od nara i pšenične bobice i dobro promiješajte. Dodajte temeljac, ¾ žličice soli i malo crnog papra, lagano kuhajte i kuhajte na laganoj vatri, poklopljeno, 60 do 70 minuta. Pšenica bi u ovom trenutku trebala biti al dente.
c) Skinite poklopac i, ako je potrebno, pojačajte vatru i ostavite da preostala tekućina ispari. Dno tepsije mora biti suho i na njemu treba imati malo zagorenog karamele. Maknite s vatre.
d) Prije posluživanja kušajte i po potrebi dodajte još melase, soli i papra; želite oštro i slatko, stoga nemojte biti sramežljivi sa svojom melasom. Poslužite toplo, uz malo grčkog jogurta.

68. Balilah

Proizvodi: 4

SASTOJCI
- 1 šalica / 200 g sušenog slanutka
- 1 žličica sode bikarbone
- 1 šalica / 60 g nasjeckanog ravnog peršina
- 2 zelena luka, tanko narezana
- 1 veliki limun
- 3 žlice maslinovog ulja
- 2½ žličice mljevenog kumina
- sol i svježe mljeveni crni papar

UPUTE
a) Večer prije stavite slanutak u veću zdjelu i prelijte hladnom vodom barem dvostrukom količinom. Dodajte sodu bikarbonu i ostavite na sobnoj temperaturi da se namače preko noći.

b) Ocijedite slanutak i stavite ga u veliki lonac. Prelijte s puno hladne vode i stavite na jaku vatru. Pustite da zavrije, skinite površinu vode, zatim smanjite vatru i kuhajte 1 do 1½ sat, dok slanutak ne omekša, ali još uvijek zadrži svoj oblik.

c) Dok se slanutak kuha, stavite peršin i mladi luk u veliku zdjelu za miješanje. Ogulite limun tako što ćete ga narezati na vrh i rep, staviti na dasku i malim oštrim nožem prijeći duž njegovih oblina kako biste uklonili kožu i bijelu srž. Odbacite kožu, srž i sjemenke, a meso grubo nasjeckajte. Dodajte meso i sve sokove u zdjelu.

d) Kada je slanutak gotov, ocijedite ga i dodajte u zdjelu dok je još vruć. Dodajte maslinovo ulje, kumin, ¾ žličice soli i dobro mljeveni papar. Dobro promiješajte. Ostavite da se ohladi dok nije toplo, začinite po ukusu i poslužite.

69. Basmati riža i orzo

Proizvodi: 6

SASTOJCI
- 1⅓ šalice / 250 g basmati riže
- 1 žlica otopljenog gheeja ili neslanog maslaca
- 1 žlica suncokretovog ulja
- ½ šalice / 85 g orza
- 2½ šalice / 600 ml pilećeg temeljca
- 1 žličica soli

UPUTE

a)   Basmati rižu dobro operite, zatim stavite u veliku zdjelu i prelijte s puno hladne vode. Ostavite da se namače 30 minuta, zatim ocijedite.

b)   Zagrijte ghee i ulje na srednje jakoj vatri u loncu srednje debelog dna za koji imate poklopac. Dodajte orzo i pirjajte 3 do 4 minute dok zrnca ne poprime tamno zlatnu boju. Dodajte temeljac, pustite da zavrije i kuhajte 3 minute. Dodajte ocijeđenu rižu i sol, lagano prokuhajte, jednom ili dvaput promiješajte, poklopite posudu i kuhajte na vrlo laganoj vatri 15 minuta. Nemojte doći u iskušenje da otkrijete posudu; morat ćete pustiti da se riža pravilno skuha.

c)   Ugasite vatru, uklonite poklopac i brzo pokrijte posudu čistom kuhinjskom krpom. Vratite poklopac na vrh ručnika i ostavite 10 minuta. Prije posluživanja rižu protresite vilicom.

70. Basmati i divlja riža sa slanutkom, ribizlom i začinskim biljem

Proizvodi: 6

SASTOJCI
- ⅓ šalice / 50 g divlje riže
- 2½ žlice maslinovog ulja
- zaokruženo 1 šalica / 220 g basmati riže
- 1½ šalice / 330 ml kipuće vode
- 2 žličice sjemenki kumina
- 1½ žličice curryja u prahu
- 1½ šalice / 240 g kuhanog i ocijeđenog slanutka (u redu je i iz konzerve)
- ¾ šalice / 180 ml suncokretovog ulja
- 1 srednji luk, narezan na tanke ploške
- 1½ žličice višenamjenskog brašna
- ⅔ šalice / 100 g ribiza
- 2 žlice nasjeckanog plosnatog peršina
- 1 žlica nasjeckanog cilantra
- 1 žlica nasjeckanog kopra
- sol i svježe mljeveni crni papar

UPUTE
a) Započnite tako da divlju rižu stavite u manji lonac, prelijte s puno vode, zakuhajte i ostavite da lagano kuha oko 40 minuta, dok riža ne bude kuhana, ali još uvijek prilično čvrsta. Ocijedite i ostavite sa strane.

b) Za kuhanje basmati riže ulijte 1 žlicu maslinovog ulja u srednju posudu za umake s poklopcem koji čvrsto prianja i stavite je na jaku vatru. Dodajte rižu i ¼ žličice soli i miješajte dok zagrijavate rižu. Pažljivo dodajte kipuću vodu, smanjite vatru na vrlo nisku, pokrijte posudu poklopcem i ostavite da kuha 15 minuta.

c) Posudu maknite s vatre, pokrijte čistom kuhinjskom krpom pa poklopcem i ostavite na vatri 10 minuta.

d) Dok se riža kuha pripremite slanutak. Zagrijte preostalih 1½ žlice maslinovog ulja u malom loncu na jakoj vatri. Dodajte sjemenke kumina i curry prah, pričekajte nekoliko sekundi, a zatim dodajte slanutak i ¼ žličice soli; pobrinite se da to učinite brzo ili bi začini mogli zagorjeti u ulju. Miješajte na vatri minutu-dvije, samo da se slanutak zagrije, pa prebacite u veliku zdjelu za miješanje.

e) Očistite posudu za umake, ulijte suncokretovo ulje i stavite na jaku vatru. Uvjerite se da je ulje vruće bacivši mali komad luka; trebao bi snažno cvrčati. Rukama pomiješajte luk s brašnom da se malo obloži. Uzmite malo luka i pažljivo (može pljunuti!) stavite ga u ulje. Pržite 2 do 3 minute, dok ne porumene, zatim ih prebacite na papirnate ubruse da se ocijede i pospite solju. Ponavljajte u serijama dok se sav luk ne isprži.

f) Na kraju u slanutak dodajte obje vrste riže, a zatim dodajte ribizle, začinsko bilje i prženi luk. Promiješajte, kušajte i dodajte soli i papra po želji. Poslužite toplo ili na sobnoj temperaturi.

71. Rižoto od ječma s mariniranom fetom

Proizvodi: 4

SASTOJCI
- 1 šalica / 200 g bisernog ječma
- 2 žlice / 30 g neslanog maslaca
- 6 žlica / 90 ml maslinovog ulja
- 2 male stabljike celera, narezane na kockice od ¼ inča / 0,5 cm
- 2 male ljutike, narezane na kockice od ¼ inča / 0,5 cm
- 4 češnja češnjaka, narezana na kockice od 1/16 inča / 2 mm
- 4 grančice timijana
- ½ žličice dimljene paprike
- 1 list lovora
- 4 trake limunove kore
- ¼ žličice čili pahuljica
- jedna konzerva nasjeckanih rajčica od 400 g
- 3 šalice / 700 ml temeljca od povrća
- 1¼ šalice / 300 ml passate (prosijane zgnječene rajčice)
- 1 žlica sjemenki kima
- 10½ oz / 300 g feta sira, izlomljenog na komade od otprilike ¾ inča / 2 cm
- 1 žlica svježih listova origana
- sol

UPUTE
a) Ječam dobro isperite pod hladnom vodom i ostavite da se ocijedi.

b) Otopite maslac i 2 žlice maslinovog ulja u vrlo velikoj tavi i kuhajte celer, ljutiku i češnjak na laganoj vatri 5 minuta dok ne omekšaju. Dodajte ječam, majčinu dušicu, papriku, lovorov list, koricu limuna, čili pahuljice, rajčice, temeljac, passatu i sol. Promiješajte da se sjedini. Pustite da smjesa zavrije, zatim smanjite na vrlo laganu vatru i kuhajte 45 minuta, često miješajući kako se rižoto ne bi uhvatio za dno posude. Kad je spreman, ječam bi trebao biti mekan i upiti većinu tekućine.

c) U međuvremenu na suhoj tavi tostirajte sjemenke kima par minuta. Zatim ih lagano zgnječite da ostane malo cijelih sjemenki. Dodajte ih u fetu s preostale 4 žlice / 60 ml maslinovog ulja i lagano promiješajte da se sjedini.

d) Kad je rižoto gotov, provjerite začine i podijelite ga u četiri plitke zdjelice. Svaku pospite mariniranom fetom, uključujući ulje i posipajte listovima origana.

72. Conchiglie s jogurtom, graškom i čileom

Proizvodi: 6

SASTOJCI
- 2½ šalice / 500 g grčkog jogurta
- ⅔ šalice / 150 ml maslinovog ulja
- 4 češnja češnjaka, zgnječena
- 1 lb / 500 g svježeg ili odmrznutog smrznutog graška
- 1 lb / 500 g conchiglie tjestenine
- ½ šalice / 60 g pinjola
- 2 žličice turskih ili sirijskih čili pahuljica (ili manje, ovisno o tome koliko su začinjene)
- 1⅔ šalice / 40 g listova bosiljka, krupno narezanog
- 240 g feta sira, izlomljenog na komade
- sol i svježe mljeveni bijeli papar

UPUTE

a) U multipraktik stavite jogurt, 6 žlica / 90 ml maslinovog ulja, češnjak i ⅔ šalice / 100 g graška. Umutite do jednoličnog blijedozelenog umaka i prebacite u veliku zdjelu za miješanje.

b) Skuhajte tjesteninu u puno posoljene kipuće vode dok ne postane al dente. Dok se tjestenina kuha, zagrijte preostalo maslinovo ulje u maloj tavi na srednje jakoj vatri. Dodajte pinjole i čili pahuljice i pržite 4 minute, dok orasi ne postanu zlatni, a ulje duboko crveno. Također, preostali grašak zagrijte u malo kipuće vode, zatim ocijedite.

c) Kuhanu tjesteninu ocijedite u cjedilo, dobro protresite da se riješite vode i postupno dodajte tjesteninu u umak od jogurta; dodavanje svega odjednom može izazvati raspadanje jogurta. Dodajte topli grašak, bosiljak, fetu, 1 žličicu soli i ½ žličice bijelog papra. Lagano promiješajte, prebacite u pojedinačne zdjelice i žlicom dodajte pinjole i njihovo ulje.

73. Makluba

Čini: 4 DO 6

SASTOJCI
- 2 srednja patlidžana (ukupno 1½ lb / 650 g), narezana na kriške od ¼ inča / 0,5 cm
- 1⅔ šalice / 320 g basmati riže
- 6 do 8 pilećih bataka bez kostiju, s kožom, oko 1¾ lb / 800 g ukupno
- 1 veliki luk, narezan na četvrtine po dužini
- 10 zrna crnog papra
- 2 lista lovora
- 4 šalice / 900 ml vode
- suncokretovo ulje, za prženje
- 1 srednja cvjetača (1 lb / 500 g), podijeljena na velike cvjetove
- otopljeni maslac, za podmazivanje tepsije
- 3 do 4 srednje zrele rajčice (ukupno 12 oz / 350 g), narezane na kriške debljine ¼ inča / 0,5 cm
- 4 velika češnja češnjaka, prepolovljena
- 1 žličica mljevene kurkume
- 1 žličica mljevenog cimeta
- 1 žličica mljevene pimente
- ¼ žličice svježe mljevenog crnog papra
- 1 žličica baharat mješavine začina (kupite u trgovini ili pogledajte recept)
- 3½ žlice / 30 g pinjola, prženih u 1 žlici / 15 g gheeja ili neslanog maslaca dok ne porumene
- Jogurt sa krastavcima , za posluživanje
- sol

UPUTE
a) Ploške patlidžana stavite na papirnate ubruse, pospite s obje strane solju i ostavite 20 minuta da izgube dio vode.

b) Operite rižu i potopite je u puno hladne vode i 1 žličice soli najmanje 30 minuta.

c) U međuvremenu zagrijte veliki lonac na srednje jakoj vatri i pržite piletinu 3 do 4 minute sa svake strane, dok ne porumeni (koža piletine treba proizvesti dovoljno ulja da se skuha; ako je potrebno, dodajte malo suncokretovog ulja). Dodajte luk, papar u zrnu, lovor i vodu. Zakuhajte, zatim poklopite i kuhajte na laganoj vatri 20 minuta. Izvadite piletinu iz tave i ostavite je sa strane. Procijedite temeljac i ostavite ga za kasnije, skinuvši masnoću.

d) Dok se piletina kuha, zagrijte tavu za umake ili pećnicu, po mogućnosti neprianjajuću i promjera otprilike 9½ inča / 24 cm i dubine 5 inča / 12 cm, na srednje jakoj vatri. Dodajte dovoljno suncokretovog ulja da bude oko ¾ inča / 2 cm uz stijenke posude. Kad počnete vidjeti male mjehuriće kako izlaze na površinu, pažljivo (može pljunuti!) stavite neke cvjetove cvjetače u ulje i pržite dok ne porumene, do 3 minute. Koristite šupljikavu žlicu za prebacivanje prve serije na papirnate ručnike i pospite solju. Ponovite s ostatkom cvjetače.

e) Ploške patlidžana osušite papirnatim ručnicima i pržite ih na sličan način u serijama.

f) Uklonite ulje iz tave i obrišite tavu. Ako nije neprianjajuća tava, obložite dno krugom papira za pečenje izrezanim na točnu veličinu i premažite stranice s malo otopljenog maslaca. Sada ste spremni za slaganje maqlube.

g) Započnite slaganjem ploški rajčice u jednom sloju, preklapajući se, a zatim ploškama patlidžana. Zatim posložite komade cvjetače i pileće batake. Rižu dobro ocijedite i rasporedite po završnom sloju te po vrhu pospite komadiće češnjaka. Odmjerite 3 šalice / 700 ml rezerviranog pilećeg temeljca i pomiješajte sve začine, plus 1 žličicu soli. Prelijte to preko riže, a zatim je lagano pritisnite rukama, pazeći da sva riža bude prekrivena temeljcem. Po potrebi dodajte još malo temeljca ili vode.

h) Stavite posudu na srednju vatru i pustite da se kuha; temeljac ne treba jako krčkati, ali morate biti sigurni da dobro provrije prije nego što pokrijete posudu poklopcem, smanjite vatru i kuhate na laganoj vatri 30 minuta. Nemojte doći u iskušenje da otkrijete posudu; morat ćete pustiti da se riža pravilno skuha. Uklonite posudu s vatre, skinite poklopac i brzo stavite čistu kuhinjsku krpu preko posude, a zatim ponovno zatvorite poklopcem. Ostavite da se odmori 10 minuta.

i) Kada budete spremni, uklonite poklopac, preokrenite veliki okrugli tanjur ili pladanj za posluživanje preko otvorene tave i pažljivo, ali brzo okrenite tanjur i tanjur zajedno, čvrsto držeći obje strane. Ostavite posudu na tanjuru 2 do 3 minute, a zatim je polako i pažljivo podignite. Ukrasite pinjolima i poslužite uz jogurt s krastavcima.

74. Kus-kus s rajčicom i lukom

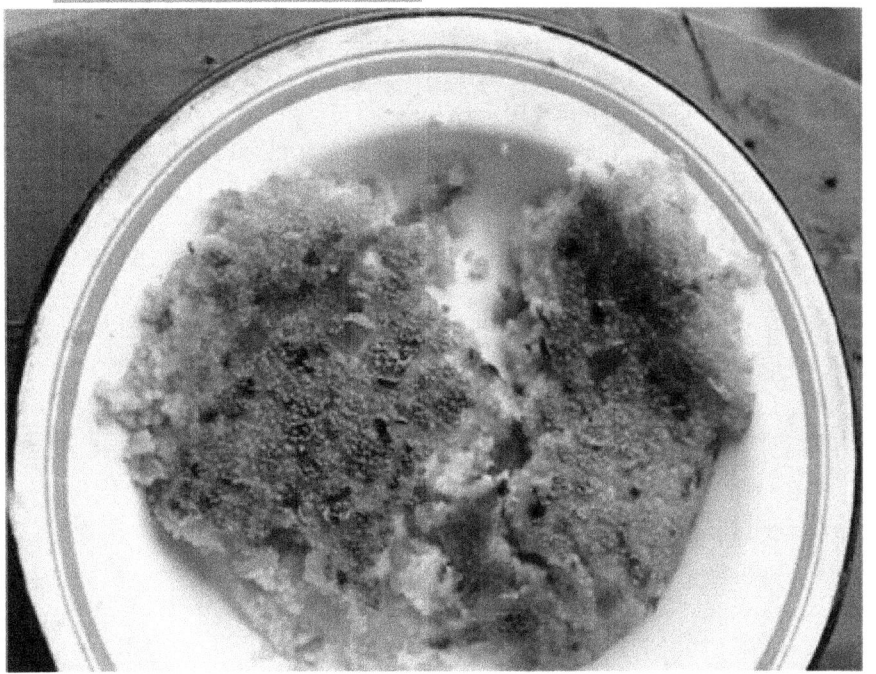

Proizvodi: 4

SASTOJCI
- 3 žlice maslinovog ulja
- 1 srednja glavica luka, sitno nasjeckana (1 šalica / 160 g ukupno)
- 1 žlica paste od rajčice
- ½ žličice šećera
- 2 vrlo zrele rajčice, narezane na kockice od ¼ inča / 0,5 cm (1¾ šalice / 320 g ukupno)
- 1 šalica / 150 g kus-kusa
- 1 šalica / 220 ml kuhanog temeljca od piletine ili povrća
- 2½ žlice / 40 g neslanog maslaca
- sol i svježe mljeveni crni papar

UPUTE

a) Ulijte 2 žlice maslinovog ulja u neprianjajuću tavu promjera oko 8½ inča / 22 cm i stavite je na srednje jaku vatru. Dodajte luk i kuhajte 5 minuta uz često miješanje dok ne omekša, ali ne dobije boju. Umiješajte pastu od rajčice i šećer i kuhajte 1 minutu. Dodajte rajčice, ½ žličice soli i malo crnog papra i kuhajte 3 minute.

b) U međuvremenu stavite kus-kus u plitku zdjelu, prelijte kipućim temeljcem i pokrijte plastičnom folijom. Ostavite sa strane 10 minuta, zatim skinite poklopac i vilicom izbijte kus-kus. Dodajte umak od rajčice i dobro promiješajte.

c) Obrišite tavu i zagrijte maslac i preostalu 1 žlicu maslinovog ulja na srednjoj vatri. Kad se maslac otopi, žlicom stavite kus-kus u tavu i stražnjom stranom žlice ga nježno potapkajte kako bi se sav dobro smjestio. Pokrijte tavu, smanjite vatru na najnižu postavku i ostavite da se kus-kus kuha na pari 10 do 12 minuta dok ne vidite svijetlosmeđu boju oko rubova. Koristite ofsetnu lopaticu ili nož kako biste lakše provirili između ruba kus-kusa i stijenke tave: želite stvarno hrskav rub po cijelom dnu i stranicama.

d) Preokrenite veliki tanjur na tavu i brzo preokrenite tavu i tanjur zajedno, puštajući kus-kus na tanjur. Poslužite toplo ili na sobnoj temperaturi.

SALATE

75. Baby salata od špinata s datuljama i bademima

Proizvodi: 4

SASTOJCI

- 1 žlica bijelog vinskog octa
- ½ srednjeg crvenog luka, tanko narezanog
- 3½ oz / 100 g Medjool datulja bez koštica, uzdužno narezana na četvrtine
- 2 žlice / 30 g neslanog maslaca
- 2 žlice maslinovog ulja
- 2 male pita, oko 3½ oz / 100 g, grubo natrgane na komade od 1½ inča / 4 cm
- ½ šalice / 75 g cijelih neslanih badema, grubo nasjeckanih
- 2 žličice sumaka
- ½ žličice čili pahuljica
- 5 oz / 150 g mladog lišća špinata
- 2 žlice svježe iscijeđenog soka od limuna
- sol

UPUTE

a) U manju posudu stavite ocat, luk i datulje. Dodajte prstohvat soli i dobro promiješajte rukama. Ostavite da se marinira 20 minuta, zatim ocijedite sav preostali ocat i bacite ga.

b) U međuvremenu zagrijte maslac i pola maslinovog ulja u srednjoj tavi na srednje jakoj vatri. Dodajte pitu i bademe i kuhajte 4 do 6 minuta, cijelo vrijeme miješajući, dok pita ne postane hrskava i zlatno smeđa. Maknite s vatre i umiješajte ruj, pahuljice čilija i ¼ žličice soli. Ostaviti sa strane da se ohladi.

c) Kad ste spremni za posluživanje, u veliku zdjelu za miješanje pomiješajte listove špinata s pita smjesom. Dodajte datulje i crveni luk, preostalo maslinovo ulje, limunov sok i još jedan prstohvat soli. Probajte začine i odmah poslužite.

76. Salata od sirove artičoke i začinskog bilja

Proizvodi: 2

SASTOJCI
- 2 ili 3 velike kuglaste artičoke (1½ lb / 700 g ukupno)
- 3 žlice svježe iscijeđenog soka od limuna
- 4 žlice maslinovog ulja
- 2 šalice / 40 g rikule
- ½ šalice / 15 g natrganih listova mente
- ½ šalice / 15 g natrganog lišća cilantra
- 30 g pecorino toscano ili romano sira, tanko naribanog
- Maldonska morska sol i svježe mljeveni crni papar

UPUTE

a) Pripremite zdjelu vode pomiješane s polovicom limunova soka. Uklonite stabljiku s 1 artičoke i skinite čvrste vanjske listove. Kad dođete do mekših, blijedih listova, velikim, oštrim nožem prerežite cvijet tako da vam ostane donja četvrtina. Upotrijebite mali, oštar nož ili gulilicu za povrće kako biste uklonili vanjske slojeve artičoke sve dok baza ili dno ne bude otkriveno. Ostružite dlakavu "čoku" i stavite bazu u zakiseljenu vodu. Odbacite ostatak, a zatim ponovite s drugim artičokama.

b) Artičoke ocijedite i osušite papirnatim ručnicima. Pomoću mandoline ili velikog, oštrog noža narežite artičoke na ploške tanke poput papira i prebacite ih u veliku zdjelu za miješanje. Iscijedite preostali sok od limuna, dodajte maslinovo ulje i dobro promiješajte da se prekrije. Možete ostaviti artičoku do nekoliko sati ako želite, na sobnoj temperaturi. Kada ste spremni za posluživanje, dodajte rikulu, metvicu i cilantro artičokama i začinite s izdašnom ¼ žličice soli i dosta svježe mljevenog crnog papra.

c) Lagano promiješajte i rasporedite na tanjure za posluživanje. Ukrasite pecorino strugotinama.

77. Salata od peršina i ječma

Proizvodi: 4

SASTOJCI

- ¼ šalice / 40 g bisernog ječma
- 5 oz / 150 g feta sira
- 5½ žlice maslinovog ulja
- 1 žličica za'atara
- ½ žličice sjemenki korijandera, lagano tostiranih i zgnječenih
- ¼ žličice mljevenog kumina
- 3 oz / 80 g ravnog peršina, listova i finih stabljika
- 4 zelena luka, sitno nasjeckana (⅓ šalice / 40 g ukupno)
- 2 češnja češnjaka, zgnječena
- ⅓ šalice / 40 g indijskih oraščića, lagano tostiranih i grubo zdrobljenih
- 1 zelena paprika, očišćena od sjemenki i izrezana na kockice od ⅜ inča / 1 cm
- ½ žličice mljevene pimente
- 2 žlice svježe iscijeđenog soka od limuna
- sol i svježe mljeveni crni papar

UPUTE

a) Stavite biserni ječam u mali lonac, pokrijte s puno vode i kuhajte 30 do 35 minuta, dok ne omekša, ali uz zalogaje. Ulijte u fino sito, protresite da uklonite svu vodu i prebacite u veliku zdjelu.

b) Izlomite fetu na grube komade, veličine oko ¾ inča / 2 cm, i pomiješajte u maloj posudi s 1½ žlice maslinovog ulja, za'atarom, sjemenkama korijandera i kuminom. Lagano izmiješajte i ostavite da se marinira dok pripremate ostatak salate.

c) Peršin sitno nasjeckajte i stavite u zdjelu sa mladim lukom, češnjakom, indijskim oraščićima, paprom, pimentom, limunovim sokom, preostalim maslinovim uljem i kuhanim ječmom. Dobro izmiješajte i začinite po ukusu. Za posluživanje podijelite salatu na četiri tanjura i na vrh stavite mariniranu fetu.

78. Salata od miješanog graha

Proizvodi: 4

SASTOJCI
- 10 oz / 280 g žutog graha, očišćenog (ako ga nema, udvostručite količinu zelenog graha)
- 10 oz / 280 g zelenog graha, očišćenog
- 2 crvene paprike, narezane na trake od ¼ inča / 0,5 cm
- 3 žlice maslinovog ulja, plus 1 žličica za paprike
- 3 češnja češnjaka, tanko narezana
- 6 žlica / 50 g kapara, isprati i osušiti tapkanjem
- 1 žličica sjemenki kumina
- 2 žličice sjemenki korijandera
- 4 zelena luka, tanko narezana
- ⅓ šalice / 10 g krupno nasjeckanog estragona
- ⅔ šalice / 20 g ubranih listova češnje (ili mješavine ubranog kopra i nasjeckanog peršina)
- ribana korica 1 limuna
- sol i svježe mljeveni crni papar

UPUTE

a) Zagrijte pećnicu na 450°F / 220°C.

b) Zakuhajte veću tavu s puno vode i dodajte žuti grah. Nakon 1 minute dodajte mahune i kuhajte još 4 minute, odnosno dok grah ne bude kuhan, ali još uvijek hrskav. Osvježite pod ledeno hladnom vodom, ocijedite, osušite i stavite u veliku zdjelu za miješanje.

c) U međuvremenu, bacite paprike na 1 žličicu ulja, rasporedite po limu za pečenje i stavite u pećnicu na 5 minuta, ili dok ne omekšaju. Izvadite iz pećnice i dodajte u zdjelu s kuhanim grahom.

d) Zagrijte 3 žlice maslinovog ulja u malom loncu. Dodajte češnjak i kuhajte 20 sekundi; dodajte kapare (pazite, pljuju!) i pržite još 15 sekundi. Dodajte kumin i sjemenke korijandera i nastavite pržiti još 15 sekundi. Češnjak je već trebao postati zlatan. Maknite s vatre i sadržaj tave odmah prelijte preko graha. Pomiješajte i dodajte zeleni luk, začinsko bilje, koricu limuna, izdašnu ¼ žličice soli i crni papar.

e) Poslužite ili držite u hladnjaku do jedan dan. Samo ne zaboravite vratiti na sobnu temperaturu prije posluživanja.

79. Salata od korabice

Proizvodi: 4

SASTOJCI
- 3 srednje korabice (1⅔ lb / 750 g ukupno)
- ⅓ šalice / 80 g grčkog jogurta
- 5 žlica / 70 g kiselog vrhnja
- 3 žlice mascarpone sira
- 1 mali češanj češnjaka, zgnječen
- 1½ žličice svježe iscijeđenog soka od limuna
- 1 žlica maslinovog ulja
- 2 žlice sitno narezane svježe mente
- 1 žličica sušene metvice
- oko 12 grančica / 20 g mlade potočarke
- ¼ žličice sumaka
- sol i bijeli papar

UPUTE

a) Ogulite korabice, narežite ih na kockice od ⅔ inča / 1,5 cm i stavite u veliku zdjelu za miješanje. Ostavite sa strane i napravite preljev.

b) U srednju zdjelu stavite jogurt, kiselo vrhnje, mascarpone, češnjak, limunov sok i maslinovo ulje. Dodajte ¼ žličice soli i zdravog mljevenog papra i miješajte dok ne postane glatko. Kelerabi dodajte preljev, zatim svježu i sušenu metvicu te pola potočarke.

c) Lagano promiješajte, a zatim stavite na posudu za posluživanje. Preostalu potočarku nanesite na vrh i pospite rujem.

80. Pikantna salata od mrkve

Proizvodi: 4

SASTOJCI
- 6 velikih mrkvi, oguljenih (oko 1½ lb / 700 g ukupno)
- 3 žlice suncokretovog ulja
- 1 veliki luk, sitno nasjeckan (2 šalice / 300 g ukupno)
- 1 žlica Pilpelchuma ili 2 žlice harissa (kupite u trgovini ili pogledajte recept)
- ½ žličice mljevenog kumina
- ½ žličice sjemenki kima, svježe samljevenih
- ½ žličice šećera
- 3 žlice jabukovače octa
- 1½ šalice / 30 g listova rikule
- sol

UPUTE
a) Stavite mrkvu u veliki lonac, prelijte vodom i pustite da prokuha. Smanjite vatru, poklopite i kuhajte oko 20 minuta, dok mrkva ne omekša. Ocijedite i, kada se dovoljno ohladi za rukovanje, narežite na kriške od ¼ inča / 0,5 cm.
b) Dok se mrkva kuha, u velikoj tavi zagrijte pola ulja. Dodajte luk i kuhajte na srednjoj vatri 10 minuta, dok ne porumeni.
c) Stavite prženi luk u veliku zdjelu za miješanje i dodajte pilpelchumu, kumin, kim, ¾ žličice soli, šećer, ocat i preostalo ulje. Dodajte mrkvu i dobro promiješajte. Ostavite sa strane barem 30 minuta da okusi sazriju.
d) Rasporedite salatu na veliki pladanj, usput posipajte rikulom.

81. Fricassee salata

Proizvodi: 4

SASTOJCI
- 4 grančice ružmarina
- 4 lista lovora
- 3 žlice crnog papra u zrnu
- oko 1⅔ šalice / 400 ml ekstra djevičanskog maslinovog ulja
- 10½ oz / 300 g odrezaka tune, u komadu ili dva
- 1⅓ lb / 600 g Yukon Gold krumpira, oguljenih i izrezanih na komade od ¾ inča / 2 cm
- ½ žličice mljevene kurkume
- 5 fileta inćuna grubo nasjeckanih
- 3 žlice harissa paste (kupljene u trgovini ili pogledajte recept)
- 4 žlice kapara
- 2 žličice sitno nasjeckane konzervirane limunove korice (kupljene u trgovini ili pogledajte recept)
- ½ šalice / 60 g crnih maslina, bez koštica i prepolovljenih
- 2 žlice svježe iscijeđenog soka od limuna
- 5 oz / 140 g konzervirane piquillo paprike (oko 5 paprika), natrgane na grube trakice
- 4 velika jaja, tvrdo kuhana, oguljena i narezana na četvrtine
- 2 mlade zelene salate (ukupno oko 5 oz / 140 g), listovi odvojeni i natrgani
- ⅔ oz / 20 g ravnog peršina, ubrano i natrgano lišće
- sol

UPUTE
a) Za pripremu tunjevine u manju posudu stavite ružmarin, lovor i papar u zrnu te dodajte maslinovo ulje. Zagrijte ulje malo ispod točke vrenja, kada počnu izlaziti sitni mjehurići. Pažljivo dodajte tunjevinu (tunjevina mora biti potpuno pokrivena, ako nije zagrijte još ulja i dodajte u tavu). Maknite s vatre i ostavite

nekoliko sati nepokriveno, zatim pokrijte posudu i ostavite u hladnjaku najmanje 24 sata.

b) Kuhajte krumpir s kurkumom u puno slane kipuće vode 10 do 12 minuta, dok ne bude kuhan. Pažljivo ocijedite, pazeći da se voda od kurkume ne prolije (mrlje je teško ukloniti!) i stavite u veliku zdjelu za miješanje. Dok je krumpir još vruć dodajte inćune, harissu, kapare, konzervirani limun, masline, 6 žlica / 90 ml ulja za konzerviranje tune i malo papra iz ulja. Lagano promiješajte i ostavite da se ohladi.

c) Tunjevinu odvojite od preostalog ulja, narežite je na komade veličine zalogaja i dodajte u salatu. Dodajte limunov sok, papriku, jaja, zelenu salatu i peršin. Lagano promiješajte, kušajte, dodajte soli ako treba i eventualno još ulja, pa poslužite.

82. Začinjeni slanutak i salata od povrća

Proizvodi: 4

SASTOJCI
- ½ šalice / 100 g sušenog slanutka
- 1 žličica sode bikarbone
- 2 mala krastavca (10 oz / 280 g ukupno)
- 2 velike rajčice (10½ oz / 300 g ukupno)
- 8½ oz / 240 g rotkvica
- 1 crvena paprika, očišćena od sjemenki i rebarca
- 1 manji crveni luk, oguljen
- ⅔ oz / 20 g listova i stabljika cilantra, grubo nasjeckanih
- ½ oz / 15 g plosnatog peršina, grubo nasjeckanog
- 6 žlica / 90 ml maslinovog ulja
- naribana korica 1 limuna, plus 2 žlice soka
- 1½ žlice sherry octa
- 1 češanj češnjaka, zgnječen
- 1 žličica super finog šećera
- 1 žličica mljevenog kardamoma
- 1½ žličice mljevene pimente
- 1 žličica mljevenog kumina
- grčki jogurt (po želji)
- sol i svježe mljeveni crni papar

UPUTE

a) Osušeni slanutak namočite preko noći u velikoj zdjeli s puno hladne vode i sode bikarbone. Sljedeći dan ocijedite, stavite u veliki lonac i prelijte vodom dvostrukom količinom od količine slanutka. Pustite da zavrije i kuhajte na laganoj vatri, skidajući pjenu, oko sat vremena, dok potpuno ne omekša, zatim ocijedite.

b) Narežite krastavac, rajčicu, rotkvicu i papriku na kockice od ⅔-inča / 1,5 cm; narežite luk na kockice od ¼ inča / 0,5 cm. Sve zajedno pomiješajte u zdjeli s cilantrom i peršinom.

c) U staklenci ili posudi koja se može zatvoriti, pomiješajte 5 žlica / 75 ml maslinovog ulja, limunov sok i koricu, ocat, češnjak i šećer i dobro promiješajte da dobijete preljev, zatim začinite solju i paprom po ukusu. Prelijte dressing preko salate i lagano promiješajte.

d) Pomiješajte kardamom, piment, kumin i ¼ žličice soli i rasporedite po tanjuru. Ubacite kuhani slanutak u mješavinu začina u nekoliko serija da se dobro prekrije. U tavi na srednje jakoj vatri zagrijte preostalo maslinovo ulje i lagano pržite slanutak 2 do 3 minute, lagano tresući tavu da se ravnomjerno ispeče i ne zalijepi. Držite na toplom.

e) Podijelite salatu na četiri tanjura, složite je u veliki krug, a na vrh žlicom posipajte topli začinjeni slanutak, a rub salate neka bude čist. Na vrh možete pokapati malo grčkog jogurta kako bi salata bila kremasta.

83. Masna salata od tikvica i paradajza

Proizvodi: 6

SASTOJCI
- 8 blijedozelenih tikvica ili običnih tikvica (ukupno oko 2¼ lb / 1 kg)
- 5 velikih, vrlo zrelih rajčica (1¾ lb / 800 g ukupno)
- 3 žlice maslinovog ulja, plus još za kraj
- 2½ šalice / 300 g grčkog jogurta
- 2 češnja češnjaka, zgnječena
- 2 crvena čilija, očišćena od sjemenki i nasjeckana
- naribane korice 1 srednjeg limuna i 2 žlice svježe iscijeđenog soka od limuna
- 1 žlica sirupa od datulja, plus još za kraj
- 2 šalice / 200 g krupno nasjeckanih oraha
- 2 žlice nasjeckane metvice
- ⅔ oz / 20 g ravnog peršina, nasjeckanog
- sol i svježe mljeveni crni papar

UPUTE

a) Zagrijte pećnicu na 425°F / 220°C. Rebrastu tavu za pečenje stavite na jaku vatru.

b) Tikvice odrežite i prepolovite po dužini. Rajčice također prepolovite. Tikvice i rajčice premažite maslinovim uljem s prerezane strane i začinite solju i paprom.

c) Do sada bi tava za pečenje trebala biti vruća. Počnite s tikvicama. Stavite nekoliko njih na tavu, prerezanom stranom prema dolje i kuhajte 5 minuta; tikvice trebaju biti lijepo pougljene s jedne strane. Sada izvadite tikvice i ponovite isti postupak s rajčicama. Stavite povrće u posudu za pečenje i stavite peći oko 20 minuta, dok tikvice ne omekšaju.

d) Izvadite pleh iz pećnice i ostavite povrće da se malo ohladi. Grubo ih nasjeckajte i ostavite da se ocijede u cjedilu 15 minuta.

e) Umutite jogurt, češnjak, čili, limunovu koricu i sok te melasu u velikoj zdjeli za miješanje. Dodajte nasjeckano povrće, orahe, metvicu i veći dio peršina i dobro promiješajte. Začinite s ¾ žličice soli i malo papra.

f) Premjestite salatu na veliki, plitki tanjur za posluživanje i raširite je. Ukrasite preostalim peršinom. Na kraju prelijte sirupom od datulja i maslinovim uljem.

84. Začinjena salata od cikle, poriluka i oraha

SASTOJCI

- 4 srednje cikle (⅓ lb / 600 g ukupno nakon kuhanja i guljenja)
- 4 srednja poriluka, izrezana na segmente od 4 inča / 10 cm (4 šalice / 360 g ukupno)
- 15 g cilantra, grubo nasjeckanog
- 1¼ šalice / 25 g rikule
- ⅓ šalice / 50 g sjemenki nara (po želji)
- ZAVOJ
- 1 šalica / 100 g krupno nasjeckanih oraha
- 4 češnja češnjaka, sitno nasjeckana
- ½ žličice čili pahuljica
- ¼ šalice / 60 ml jabukovače octa
- 2 žlice tamarindove vode
- ½ žličice orahovog ulja
- 2½ žlice ulja od kikirikija
- 1 žličica soli

UPUTE

a) Zagrijte pećnicu na 425°F / 220°C.

b) Zamotajte cikle pojedinačno u aluminijsku foliju i pecite ih u pećnici 1 do 1½ sat, ovisno o njihovoj veličini. Nakon kuhanja, trebali biste moći lako zaboditi mali nož u sredinu. Izvadite iz pećnice i ostavite sa strane da se ohladi.

c) Nakon što se dovoljno ohladi za rukovanje, ogulite ciklu, prepolovite je i svaku polovicu izrežite na kriške debljine ⅜ inča / 1 cm pri dnu. Stavite u srednju zdjelu i ostavite sa strane.

d) Stavite poriluk u srednju posudu sa slanom vodom, zakuhajte i kuhajte na laganoj vatri 10 minuta, dok ne bude kuhan; bitno ih je lagano pirjati i ne prekuhati da se ne raspadnu. Ocijedite i osvježite pod hladnom vodom, zatim vrlo oštrim nazubljenim nožem izrežite svaki segment na 3 manja dijela i osušite. Prebacite u zdjelu, odvojite od cikle i ostavite sa strane.

e) Dok se povrće kuha, pomiješajte sve sastojke za preljev i ostavite sa strane barem 10 minuta da se svi okusi sjedine.

f) Podijelite preljev od oraha i cilantro jednako između cikle i poriluka i lagano promiješajte. Probajte oboje i po potrebi dodajte još soli.

g) Da biste sastavili salatu, rasporedite veći dio cikle na pladanj za posluživanje, na vrh stavite malo rikule, zatim veći dio poriluka, zatim preostalu ciklu i završite s još poriluka i rikule. Pospite preko sjemenki nara, ako koristite, i poslužite.

85. Salata od pečene cvjetače i lješnjaka

Čini: 2 DO 4

SASTOJCI
- 1 glavica cvjetače, izlomljena na male cvjetiće (1½ lb / 660 g ukupno)
- 5 žlica maslinovog ulja
- 1 velika stabljika celera, narezana pod kutom na kriške od ¼ inča / 0,5 cm (⅔ šalice / 70 g ukupno)
- 5 žlica / 30 g lješnjaka, s ljuskom
- ⅓ šalice / 10 g ubranog malog lišća ravnog peršina
- ⅓ šalice / 50 g sjemenki nara (od otprilike ½ srednje veličine nara)
- izdašne ¼ žličice mljevenog cimeta
- izdašne ¼ žličice mljevene pimente
- 1 žlica sherry octa
- 1½ žličice javorovog sirupa
- sol i svježe mljeveni crni papar

UPUTE
a) Zagrijte pećnicu na 425°F / 220°C.
b) Pomiješajte cvjetaču s 3 žlice maslinovog ulja, ½ žličice soli i malo crnog papra. Raširite u posudu za pečenje i pecite na gornjoj rešetki pećnice 25 do 35 minuta, dok cvjetača ne postane hrskava, a dijelovi ne porumene. Prebacite u veliku zdjelu za miješanje i ostavite sa strane da se ohladi.
c) Smanjite temperaturu pećnice na 325°F / 170°C. Rasporedite lješnjake u pleh obložen papirom za pečenje i pecite 17 minuta.
d) Ostavite orahe da se malo ohlade, zatim ih krupno nasjeckajte i dodajte u cvjetaču, zajedno s preostalim uljem i ostalim sastojcima. Promiješajte, kušajte i začinite solju i paprom. Poslužite na sobnoj temperaturi.

JUHE

86. Juha od potočarke i slanutka s ružinom vodicom

Proizvodi: 4

SASTOJCI
- 2 srednje mrkve (ukupno 250 g), narezane na kockice od ¾ inča / 2 cm
- 3 žlice maslinovog ulja
- 2½ žličice ras el hanouta
- ½ žličice mljevenog cimeta
- 1½ šalice / 240 g kuhanog slanutka, svježeg ili konzerviranog
- 1 srednji luk, narezan na tanke ploške
- 2½ žlice / 15 g oguljenog i sitno nasjeckanog svježeg đumbira
- 2½ šalice / 600 ml temeljca od povrća
- 7 oz / 200 g potočarke
- 3½ oz / 100 g listova špinata
- 2 žličice super finog šećera
- 1 žličica ružine vodice
- sol
- Grčki jogurt, za posluživanje (po želji)
- Zagrijte pećnicu na 425°F / 220°C.

UPUTE

a) Pomiješajte mrkvu s 1 žlicom maslinovog ulja, ras el hanoutom, cimetom i velikim prstohvatom soli i ravnomjerno rasporedite u lim za pečenje obložen papirom za pečenje. Staviti u pećnicu na 15 minuta, zatim dodati polovicu slanutka, dobro promiješati i kuhati još 10 minuta, dok mrkva ne omekša, ali ostane zalogaj.

b) U međuvremenu stavite luk i đumbir u veliki lonac. Pirjajte na preostalom maslinovom ulju oko 10 minuta na srednje jakoj vatri, dok luk potpuno ne omekša i ne porumeni. Dodajte preostali slanutak, temeljac, krešu, špinat, šećer i ¾ žličice soli, dobro promiješajte i pustite da zavrije. Kuhajte minutu-dvije, samo dok listovi ne uvenu.

c) Kuhačom za hranu ili blenderom miksajte juhu dok ne postane glatka. Dodajte ružinu vodicu, promiješajte, kušajte i po želji dodajte još soli ili ružine vodice. Ostavite sa strane dok mrkva i slanutak ne budu spremni, a zatim zagrijte za posluživanje.

d) Za posluživanje podijelite juhu u četiri zdjelice i prelijte vrućom mrkvom i slanutkom i, ako želite, oko 2 žličice jogurta po porciji.

87. Vruća juha od jogurta i ječma

Proizvodi: 4

SASTOJCI
- 6¾ šalice / 1,6 litara vode
- 1 šalica / 200 g bisernog ječma
- 2 srednje glavice luka, sitno nasjeckane
- 1½ žličice sušene metvice
- 4 žlice / 60 g neslanog maslaca
- 2 velika jaja, istučena
- 2 šalice / 400 g grčkog jogurta
- ⅔ oz / 20 g svježe metvice, nasjeckane
- ⅓ oz / 10 g ravnog peršina, nasjeckanog
- 3 zelena luka, tanko narezana
- sol i svježe mljeveni crni papar

UPUTE
a) Zakuhajte vodu s ječmom u velikom loncu, dodajte 1 žličicu soli i kuhajte dok ječam ne bude kuhan, ali još uvijek al dente, 15 do 20 minuta. Maknite s vatre. Nakon kuhanja, trebat će vam 4¾ šalice / 1,1 litara tekućine za kuhanje juhe; dolijte vode ako vam ostane manje zbog isparavanja.
b) Dok se ječam kuha, pirjajte luk i sušenu metvicu na srednjoj vatri na maslacu dok ne omekšaju, oko 15 minuta. To dodajte kuhanom ječmu.
c) Umutite jaja i jogurt u velikoj zdjeli otpornoj na toplinu. Polako umiješajte malo ječma i vode, jednu po jednu žlicu, dok se jogurt ne zagrije. To će ublažiti jogurt i jaja i spriječiti njihovo cijepanje kada se dodaju u vruću tekućinu. Dodajte jogurt u lonac za juhu i vratite na srednju vatru, neprestano miješajući, dok juha ne zakuha. Maknite s vatre, dodajte nasjeckano začinsko bilje i mladi luk te provjerite začinjenost. Poslužite vruće.

88. Cannellini juha od graha i janjetine

Proizvodi: 4

SASTOJCI
- 1 žlica suncokretovog ulja
- 1 mali luk (5 oz / 150 g ukupno), sitno nasjeckan
- ¼ malog korijena celera, oguljenog i narezanog na kockice od ¼ inča / 0,5 cm (ukupno 6 oz / 170 g)
- 20 većih češnjeva češnjaka, oguljenih ali cijelih
- 1 žličica mljevenog kumina
- 1 lb / 500 g janjećeg paprikaša (ili govedine ako više volite), izrezanog na kockice od ¾ inča / 2 cm
- 7 šalica / 1,75 litara vode
- ½ šalice / 100 g suhih cannellina ili pinto graha, namočenih preko noći u puno hladne vode, zatim ocijeđenih
- 7 mahuna kardamoma, lagano zdrobljenih
- ½ žličice mljevene kurkume
- 2 žlice paste od rajčice
- 1 žličica super finog šećera
- 9 oz / 250 g Yukon Gold ili drugog krumpira žutog mesa, oguljenog i narezanog na kockice od ¾ inča / 2 cm
- sol i svježe mljeveni crni papar
- kruh, poslužiti
- svježe iscijeđen sok od limuna, za posluživanje
- nasjeckani cilantro ili Zhoug

UPUTE
a) Zagrijte ulje u velikoj tavi i dinstajte luk i korijen celera na srednje jakoj vatri 5 minuta ili dok luk ne poprimi smeđu boju. Dodajte režnjeve češnjaka i kumin i kuhajte još 2 minute. Maknite s vatre i ostavite sa strane.

b) Stavite meso i vodu u veliki lonac ili pećnicu na srednje jaku vatru, zakuhajte, smanjite vatru i kuhajte 10 minuta, često skuhajući površinu dok ne dobijete bistru juhu. Dodajte mješavinu luka i korijena celera, ocijeđene mahune, kardamom, kurkumu, pastu od rajčice i šećer. Zakuhajte, poklopite i lagano kuhajte 1 sat ili dok meso ne omekša.

c) Dodajte krumpir u juhu i začinite s 1 žličicom soli i ½ žličice crnog papra. Ponovno pustite da zavrije, smanjite vatru i kuhajte nepoklopljeno još 20 minuta ili dok krumpir i grah ne omekšaju. Juha treba biti gusta. Pustite da još malo prokuha, ako je potrebno, da se smanji ili dodajte malo vode. Kušajte i dodajte još začina po želji. Poslužite juhu s kruhom i malo soka od limuna i svježe nasjeckanim cilantrom ili zhougom.

89. Juha od plodova mora i komorača

Proizvodi: 4

SASTOJCI

- 2 žlice maslinovog ulja
- 4 češnja češnjaka, tanko narezana
- 2 lukovice komorača (10½ oz / 300 g ukupno), obrezane i narezane na tanke kriške
- 1 veliki voštani krumpir (ukupno 200 g), oguljen i izrezan na kockice od ⅔ inča / 1,5 cm
- 3 šalice / 700 ml ribljeg temeljca (ili temeljca od piletine ili povrća, po želji)
- ½ srednje konzerviranog limuna (½ oz / 15 g ukupno), kupljen u trgovini ili pogledajte recept
- 1 crveni čili, narezan (po želji)
- 6 rajčica (ukupno 400 g), oguljenih i narezanih na četvrtine
- 1 žlica slatke paprike
- dobar prstohvat šafrana
- 4 žlice sitno nasjeckanog pljosnatog peršina
- 4 fileta brancina (ukupno oko 10½ oz / 300 g), s kožom, prerezana na pola
- 14 dagnji (ukupno oko 8 oz / 220 g)
- 15 školjki (oko 4½ oz / 140 g ukupno)
- 10 tigrastih kozica (ukupno oko 8 oz / 220 g), u ljusci ili oguljenih i očišćenih
- 3 žlice araka, uza ili pernoda
- 2 žličice nasjeckanog estragona (po želji)
- sol i svježe mljeveni crni papar

UPUTE

a)   Stavite maslinovo ulje i češnjak u široku tavu s niskim rubom i kuhajte na srednjoj vatri 2 minute bez bojenja češnjaka. Umiješajte komorač i krumpir i kuhajte još 3 do 4 minute. Dodajte temeljac i sačuvani limun, začinite s ¼ žličice soli i malo crnog papra, pustite da zakipi, zatim poklopite i kuhajte na laganoj vatri

12 do 14 minuta, dok se krumpir ne skuha. Dodajte čili (ako koristite), rajčice, začine i pola peršina i kuhajte još 4 do 5 minuta.

b) U ovom trenutku dodajte još 1¼ šalice / 300 ml vode, jednostavno onoliko koliko je potrebno da pokrijete ribu kako biste je pohali, i ponovno zakuhajte. Dodajte brancine i školjke, poklopite posudu i ostavite da jako kuha 3 do 4 minute dok se školjke ne otvore, a kozice ne porumene.

c) Šupljikavom žlicom izvadite ribu i školjke iz juhe. Ako je još malo vodenasta, ostavite juhu da prokuha još nekoliko minuta da se reducira. Dodajte arak i začinite po ukusu.

d) Na kraju u juhu vratite školjke i ribu da ih podgrijete. Poslužite odmah, ukrašeno ostatkom peršina i estragonom, ako koristite.

90. Juha od pistacija

Proizvodi: 4

SASTOJCI
- 2 žlice kipuće vode
- ¼ žličice šafrana
- 1⅔ šalice / 200 g oljuštenih neslanih pistacija
- 2 žlice / 30 g neslanog maslaca
- 4 ljutike, sitno nasjeckane (3½ oz / 100 g ukupno)
- 25 g đumbira, oguljenog i sitno nasjeckanog
- 1 poriluk, sitno nasjeckan (1¼ šalice / 150 g ukupno)
- 2 žličice mljevenog kumina
- 3 šalice / 700 ml pilećeg temeljca
- ⅓ šalice / 80 ml svježe iscijeđenog soka od naranče
- 1 žlica svježe iscijeđenog soka od limuna
- sol i svježe mljeveni crni papar
- kiselo vrhnje, za posluživanje

UPUTE
a) Zagrijte pećnicu na 350°F / 180°C. Šafranove niti u maloj šalici prelijte kipućom vodom i ostavite da odstoji 30 minuta.

b) Za uklanjanje kore pistacija, orašaste plodove blanširajte u kipućoj vodi 1 minutu, ocijedite i dok su još vrući, pritiskajući orahe prstima skinite im kore. Neće se skinuti sva kora kao kod badema—to je u redu jer neće utjecati na juhu—ali uklanjanje kore poboljšat će boju, čineći je svijetlije zelenom. Rasporedite pistacije po limu za pečenje i pecite u pećnici 8 minuta. Izvaditi i ostaviti da se ohladi.

c) Zagrijte maslac u velikom loncu i dodajte ljutiku, đumbir, poriluk, kumin, ½ žličice soli i malo crnog papra. Pirjajte na srednjoj vatri 10 minuta uz često miješanje dok ljutika potpuno ne omekša. Dodajte temeljac i polovicu tekućine od šafrana. Poklopite posudu, smanjite vatru i ostavite da se juha kuha 20 minuta.

d) Stavite sve osim 1 žlice pistacija u veliku zdjelu zajedno s polovicom juhe. Upotrijebite ručnu miješalicu za miješanje dok ne postane glatka, a zatim je vratite u posudu za umake. Dodajte sok od naranče i limuna, ponovno zagrijte i kušajte kako biste prilagodili začine.

e) Za posluživanje krupno nasjeckajte sačuvane pistacije. Vruću juhu prebacite u zdjelice i prelijte žlicom kiselog vrhnja. Pospite pistaćima i pokapajte preostalom tekućinom od šafrana.

91. Zagoreni patlidžan i Mograbieh juha

Proizvodi: 4

SASTOJCI
- 5 malih patlidžana (ukupno oko 2½ lb / 1,2 kg)
- suncokretovo ulje, za prženje
- 1 glavica luka, narezana na ploške (oko 1 šalica / 125 g ukupno)
- 1 žlica sjemenki kumina, svježe samljevenih
- 1½ žličice paste od rajčice
- 2 velike rajčice (ukupno 350 g), oguljene i narezane na kockice
- 1½ šalice / 350 ml pilećeg ili povrtnog temeljca
- 1⅔ šalice / 400 ml vode
- 4 češnja češnjaka, zgnječena
- 2½ žličice šećera
- 2 žlice svježe iscijeđenog soka od limuna
- ⅓ šalice / 100 g mograbieha ili alternativa, kao što je maftoul, fregola ili divovski kus-kus (pogledajte odjeljak o kus-kusu)
- 2 žlice nasjeckanog bosiljka ili 1 žlica nasjeckanog kopra, po želji
- sol i svježe mljeveni crni papar

UPUTE

a) Započnite spaljivanjem tri patlidžana. Da biste to učinili, slijedite upute za Zagoreni patlidžan s češnjakom, limunom i sjemenkama nara.

b) Preostale patlidžane narežite na kockice od ⅔ inča / 1,5 cm. Zagrijte oko ⅔ šalice / 150 ml ulja u velikom loncu na srednje jakoj vatri. Kad se zagrije dodajte kockice patlidžana. Pržite 10 do 15 minuta, često miješajući, dok posvuda ne dobije boju; po potrebi dodajte još malo ulja da uvijek ima ulja u tavi. Patlidžan izvadite, stavite u cjedilo da se ocijedi i pospite solju.

c) Neka vam u tavi ostane otprilike 1 žlica ulja, zatim dodajte luk i kumin i pirjajte oko 7 minuta, često miješajući. Dodajte pastu od rajčice i kuhajte još jednu minutu prije nego što dodate rajčice, temeljac, vodu, češnjak, šećer, limunov sok, 1½ žličice soli i malo crnog papra. Lagano kuhajte 15 minuta.

d) U međuvremenu zakuhajte mali lonac slane vode i dodajte mograbieh ili alternativu. Kuhajte dok ne postane al dente; ovo će se razlikovati ovisno o marki, ali bi trebalo trajati 15 do 18 minuta (provjerite paket). Ocijedite i osvježite pod hladnom vodom.

e) Zagoreno meso patlidžana prebacite u juhu i ručnom miješalicom izmiksajte u glatku tekućinu. Dodajte mograbie i pržene patlidžane, ostavite malo za ukras na kraju i pirjajte još 2 minute. Kušajte i prilagodite začine. Poslužite vruće, sa sačuvanim mograbiehom i prženim patlidžanom na vrhu i ukrašenim bosiljkom ili koprom, ako želite.

92. Juha od rajčice i kiselog tijesta

Proizvodi: 4

SASTOJCI
- 2 žlice maslinovog ulja, plus još za kraj
- 1 veliki luk, nasjeckani (1⅔ šalice / 250 g ukupno)
- 1 žličica sjemenki kumina
- 2 češnja češnjaka, zgnječena
- 3 šalice / 750 ml temeljca od povrća
- 4 velike zrele rajčice, nasjeckane (4 šalice / 650 g ukupno)
- jedna limenka nasjeckanih talijanskih rajčica od 14 oz / 400 g
- 1 žlica najfinijeg šećera
- 1 kriška kruha od kiselog tijesta (1½ oz / 40 g ukupno)
- 2 žlice nasjeckanog cilantra, plus još za kraj
- sol i svježe mljeveni crni papar

UPUTE
a) Zagrijte ulje u srednje jakoj tavi i dodajte luk. Pirjajte oko 5 minuta, često miješajući, dok luk ne postane proziran. Dodajte kumin i češnjak te pržite 2 minute. Ulijte temeljac, obje vrste rajčice, šećer, 1 žličicu soli i dobro mljeveni crni papar.
b) Juhu lagano prokuhajte i kuhajte 20 minuta, a na pola kuhanja dodajte kruh narezan na komade. Na kraju dodajte cilantro i zatim miksajte mikserom u nekoliko mahova tako da se rajčice raspadnu, ali još uvijek budu malo grube i zdepaste. Juha treba biti dosta gusta; dodajte malo vode ako je u ovom trenutku pregusto. Poslužite pokapano uljem i posuto svježim cilantrom.

93. Bistra pileća juha s knaidlachom

Proizvodi: 4

SASTOJCI

- 1 pile iz slobodnog uzgoja, oko 4½ lb / 2 kg, podijeljeno na četvrtine, sa svim kostima, plus iznutrice ako ih možete nabaviti i sva dodatna krilca ili kosti koje možete nabaviti od mesara
- 1½ žličice suncokretovog ulja
- 1 šalica / 250 ml suhog bijelog vina
- 2 mrkve, oguljene i narezane na kriške od ¾ inča / 2 cm (2 šalice / 250 g ukupno)
- 4 stabljike celera (ukupno oko 10½ oz / 300 g), izrezane na segmente od 2½ inča / 6 cm
- 2 srednje glavice luka (oko 12 oz / 350 g ukupno), izrezane na 8 klinova
- 1 velika repa (7 oz / 200 g), oguljena, obrezana i izrezana na 8 segmenata
- 50 g vezice ravnog peršina
- 50 g vezice cilantra
- 5 grančica majčine dušice
- 1 manja grančica ružmarina
- 20 g kopra, plus dodatak za ukrašavanje
- 3 lista lovora
- 3½ oz / 100 g svježeg đumbira, tanko narezanog
- 20 zrna crnog papra
- 5 bobica pimenta
- sol

KNAIDLACH (Proizvodi: 12 DO 15)

- 2 ekstra velika jaja
- 2½ žlice / 40 g margarina ili pileće masti, otopljene i ostavljene da se malo ohlade
- 2 žlice sitno nasjeckanog plosnatog peršina
- ⅔ šalice / 75 g matzo brašna
- 4 žlice soda vode
- sol i svježe mljeveni crni papar

UPUTE

a) Da biste napravili knaidlach, umutite jaja u srednjoj zdjeli dok ne postanu pjenasta. Umiješajte otopljeni margarin, zatim ½ žličice soli, malo crnog papra i peršin. Postupno umiješajte matzo brašno, a zatim soda vodu i miješajte do jednolične paste. Pokrijte zdjelu i ohladite tijesto dok se ne ohladi i stegne, najmanje sat ili dva i do 1 dan unaprijed.

b) Lim za pečenje obložite plastičnom folijom. Mokrim rukama i žlicom oblikujte tijesto u kuglice veličine manjih oraha i stavljajte na lim za pečenje.

c) Ubacite matzo kuglice u veliki lonac s lagano kipućom slanom vodom. Djelomično pokrijte poklopcem i smanjite vatru na nisku. Lagano pirjajte dok ne omekša, oko 30 minuta.

d) Šupljikavom žlicom premjestite knaidlach na čisti lim za pečenje gdje se mogu ohladiti, a zatim ostaviti na hladnom do jednog dana. Ili, mogu ići ravno u vruću juhu.

e) Za juhu, odrežite višak masnoće s piletine i bacite je. Ulijte ulje u vrlo veliku tavu ili pećnicu i pržite komade piletine na jakoj vatri sa svih strana, 3 do 4 minute. Izvadite iz posude, uklonite ulje i obrišite posudu. Dodajte vino i pustite da prokuha minutu. Vratite piletinu, prelijte vodom i pustite da se lagano kuha. Pirjajte oko 10 minuta, skidajući pjenu. Dodajte mrkvu, celer, luk i repu. Sve začinsko bilje uvežite koncem u snopić i dodajte u lonac. Dodajte listove lovora, đumbir, papar u zrnu, piment i 1½ žličice soli pa ulijte dovoljno vode da sve dobro prekrije.

f) Pustite da juha ponovno lagano zavrije i kuhajte 1½ sata, povremeno prokuhajte i dodajte vodu po potrebi da sve bude dobro pokriveno. Podignite piletinu iz juhe i odvojite meso od kostiju. Meso držite u posudi s malo juhe da ostane vlažno i ohladite; rezervirati za drugu upotrebu. Kosti vratite u lonac i pirjajte još sat vremena uz dolijevanje vode tek toliko da kosti i povrće budu pokriveni. Vruću juhu procijedite i bacite začinsko bilje, povrće i kosti. Kuhani knaidlach zagrijte u juhi. Kad su vrući, poslužite juhu i knaidlach u plitkim zdjelicama, posute koprom.

94. Začinjena freekeh juha s mesnim okruglicama

Proizvodi: 6
MESNE OKRUGLICE

SASTOJCI
- 14 oz / 400 g mljevene govedine, janjetine ili kombinacije oba
- 1 mali luk (5 oz / 150 g ukupno), sitno narezan na kockice
- 2 žlice sitno nasjeckanog plosnatog peršina
- ½ žličice mljevene pimente
- ¼ žličice mljevenog cimeta
- 3 žlice višenamjenskog brašna
- 2 žlice maslinovog ulja
- sol i svježe mljeveni crni papar
- JUHA
- 2 žlice maslinovog ulja
- 1 veliki luk (9 oz / 250 g ukupno), nasjeckan
- 3 češnja češnjaka, zgnječena
- 2 mrkve (9 oz / 250 g ukupno), oguljene i narezane na kockice od ⅜ inča / 1 cm
- 2 stabljike celera (ukupno 150 g), narezane na kockice od ⅜ inča / 1 cm
- 3 velike rajčice (ukupno 350 g), nasjeckane
- 2½ žlice / 40 g paste od rajčice
- 1 žlica baharat mješavine začina (kupite u trgovini ili pogledajte recept)
- 1 žlica mljevenog korijandera
- 1 štapić cimeta
- 1 žlica najfinijeg šećera
- 1 šalica / 150 g napuknutog freekeha
- 2 šalice / 500 ml goveđeg temeljca
- 2 šalice / 500 ml pilećeg temeljca
- 3¼ šalice / 800 ml vruće vode
- ⅓ oz / 10 g nasjeckanog cilantra
- 1 limun, izrezan na 6 kriški

UPUTE

a) Počnite s mesnim okruglicama. U velikoj zdjeli pomiješajte meso, luk, peršin, piment, cimet, ½ žličice soli i ¼ žličice papra. Rukama dobro izmiješajte, zatim smjesu oblikujte u kuglice veličine ping-ponga i uvaljajte ih u brašno; dobit ćete oko 15. Zagrijte maslinovo ulje u velikoj pećnici i pržite mesne okruglice na srednjoj vatri nekoliko minuta, dok ne porumene sa svih strana. Izvadite mesne okruglice i ostavite sa strane.

b) Prebrišite tavu papirnatim ručnicima i dodajte maslinovo ulje za juhu. Na srednjoj vatri pržite luk i češnjak 5 minuta. Umiješajte mrkvu i celer i kuhajte 2 minute. Dodajte rajčice, pastu od rajčice, začine, šećer, 2 žličice soli i ½ žličice papra i kuhajte još 1 minutu. Umiješajte freekeh i kuhajte 2 do 3 minute. Dodajte temeljac, vruću vodu i mesne okruglice. Pustite da zavrije, smanjite vatru i lagano kuhajte još 35 do 45 minuta, povremeno miješajući, dok freekeh ne postane pun i mekan. Juha treba biti dosta gusta. Po potrebi smanjite ili dodajte malo vode. Na kraju kušajte i prilagodite začine.

c) Vruću juhu razlijte u zdjelice za posluživanje i pospite cilantrom. Poslužite kriške limuna sa strane.

DESERT

95. Slatke Filo cigare

Pravi: OKO 12 CIGARA

SASTOJCI
- 1 šalica / 80 g narezanih badema
- ½ šalice / 60 g neslanih pistacija, plus ekstra, zdrobljenih, za ukrašavanje
- 5 žlica vode
- ½ šalice / 80 g vanilin šećera
- 1 veliko jaje slobodnog uzgoja, odvojeno, umućeno u bijelo
- 1 žlica naribane korice limuna
- filo tijesto, izrezano na dvanaest kvadrata od 7½ inča / 18 cm
- ulje od kikirikija, za prženje
- ½ šalice / 180 g kvalitetnog meda

UPUTE

a) U sjeckalici pomiješajte bademe i pistacije u finu pastu. Mljevene orahe stavite u tavu i dodajte 4 žlice vode i šećer. Kuhajte na vrlo laganoj vatri dok se šećer ne otopi, oko 4 minute. Maknite tavu s vatre i dodajte žumanjak i limunovu koricu umiješajući u smjesu.

b) Stavite 1 list tijesta na čistu površinu. Rasporedite otprilike 1 žlicu mješavine orašastih plodova u tanku traku duž ruba koji vam je najbliži, ostavljajući ¾ inča / 2 cm slobodnog prostora s lijeve i desne strane. Presavijte dvije strane preko paste kako biste je držali na oba kraja i zarolajte od sebe kako biste stvorili kompaktnu cigaru. Podvijte gornji rub i zalijepite ga s malo tučenog bjelanjka. Ponovite s tijestom i nadjevom.

c) U tavu za prženje ulijte dovoljno ulja da dostigne ¾ inča / 2 cm do strane. Zagrijte ulje na srednje jakoj vatri i pržite pure 10 sekundi sa svake strane, dok ne porumene.

d) Stavite cigare na tanjur obložen papirnatim ručnicima i ostavite da se ohlade. Stavite med i preostalu 1 žlicu vode u mali lonac i zakuhajte. Kada su med i voda vrući, lagano umočite ohlađene cigare u sirup na minutu i lagano miješajte dok se dobro ne prekriju. Izvadite i složite na tanjur za posluživanje. Pospite mljevenim pistacijama i ostavite da se ohladi.

96. Pire od cikle s jogurtom i za'atarom

Proizvodi: 6

SASTOJCI
- 2 lb / 900 g srednje velike cikle (oko 1 lb / 500 g ukupno nakon kuhanja i guljenja)
- 2 češnja češnjaka, zgnječena
- 1 mali crveni čili, bez sjemenki i sitno nasjeckan
- zaokruženo 1 šalica / 250 g grčkog jogurta
- 1½ žlice sirupa od datulja
- 3 žlice maslinovog ulja, plus dodatno za završetak jela
- 1 žlica za'atara
- sol

GARNIRATI
- 2 zelena luka, tanko narezana
- 2 žlice / 15 g prženih lješnjaka, grubo mljevenih
- 60 g mekog sira od kozjeg mlijeka, izmrvljenog

UPUTE

a) Zagrijte pećnicu na 400°F / 200°C.

b) Ciklu operite i stavite u posudu za pečenje. Stavite ih u pećnicu i pecite, nepokrivene, dok nož lako ne sklizne u sredinu, oko 1 sat. Nakon što se dovoljno ohlade za rukovanje, ogulite cikle i narežite svaku na otprilike 6 dijelova. Ostaviti da se ohladi.

c) Stavite ciklu, češnjak, čili i jogurt u procesor hrane i pomiješajte u glatku pastu. Prebacite u veliku zdjelu za miješanje i umiješajte sirup od datulja, maslinovo ulje, za'atar i 1 žličicu soli. Probajte i dodajte još soli ako želite.

d) Premjestite smjesu na ravni tanjur za posluživanje i stražnjom stranom žlice rasporedite je po tanjuru. Po vrhu pospite mladi luk, lješnjake i sir te na kraju pokapajte s malo ulja. Poslužite na sobnoj temperaturi.

97. Ka'ach Bilmalch

Izrađuje: 30 DO 40 KEKSA

SASTOJCI
- 4 šalice / 500 g višenamjenskog brašna, prosijanog
- 6½ žlica / 100 ml suncokretovog ulja
- 6½ žlica / 100 g neslanog maslaca, narezanog na kockice i ostavljenog da omekša
- 1 žličica aktivnog suhog kvasca koji se brzo diže
- 1 žličica praška za pecivo
- 1 žličica šećera
- 1½ žličice soli
- ½ žličice mljevenog kumina
- 1½ žlica sjemenki komorača, tostiranih i vrlo lagano zdrobljenih
- oko 6½ žlica / 100 ml vode
- 1 veliko jaje slobodnog uzgoja, istučeno
- 2 žličice bijelog i crnog sezama

UMAK ZA UMAKANJE
- 1¼ oz / 35 g ravnog peršina (stabljike i listovi)
- 1 češanj češnjaka, zgnječen
- 2 žlice / 25 g svijetle tahini paste
- ½ šalice / 125 g grčkog jogurta
- 5 žličica / 25 ml svježe iscijeđenog soka od limuna
- prstohvat soli

UPUTE

a) Zagrijte pećnicu na 400°F / 200°C. Stavite prosijano brašno u veliku zdjelu i napravite udubljenje u sredini. U udubinu ulijte ulje, dodajte maslac, kvasac, prašak za pecivo, šećer, sol i začine te dobro promiješajte dok ne dobijete tijesto. Postupno dodajte vodu uz miješanje dok tijesto ne postane glatko. Mijesiti par minuta.

b) Lim za pečenje obložite papirom za pečenje. Razvucite komade tijesta u male loptice, otprilike 25 g svaka. Na čistoj površini razvaljajte kuglice u duge zmije oko ⅜ inča / 1 cm debljine i 5 do 5½ inča / 12 do 13 cm duljine. Svaku zmiju oblikujte u zatvoreni prsten i posložite na lim za pečenje, s razmakom od oko ¾ inča / 2 cm. Svaki kolutić premažite jajetom i lagano pospite sezamom. Ostavite da se diže 30 minuta.

c) Pecite kekse 22 minute, dok ne porumene. Ostavite da se ohlade prije nego što ih spremite u čistu staklenku ili hermetički zatvorenu posudu. Čuvaju se do 10 dana.

d) Da biste napravili umak za umakanje, samo pomiješajte sve sastojke kako biste dobili jednolično zeleni umak. Dodajte žlicu ili tako nešto vode ako je umak jako gust; želite lijepu konzistenciju premaza.

98. Bureke

Izrada: 18 MALIH PECIVA

SASTOJCI
- 1 lb / 500 g najkvalitetnijeg lisnatog tijesta punog maslaca
- 1 veliko jaje slobodnog uzgoja, istučeno

NADJEV OD RICOTTE
- ¼ šalice / 60 g svježeg sira
- ¼ šalice / 60 g ricotta sira
- ⅔ šalice / 90 izmrvljenog feta sira
- 2 žličice / 10 g neslanog maslaca, otopljenog

PECORINO NADJEV
- 3½ žlice / 50 g ricotta sira
- ⅔ šalice / 70 g ribanog odležanog pecorino sira
- ⅓ šalice / 50 g naribanog odležanog sira Cheddar
- 1 poriluk, izrezan na segmente od 2 inča / 5 cm, blanširan dok ne omekša i sitno nasjeckan (¾ šalice / 80 g ukupno)
- 1 žlica nasjeckanog plosnatog peršina
- ½ žličice svježe mljevenog crnog papra

SJEMENKE
- 1 žličica sjemenki crnice
- 1 žličica sjemenki sezama
- 1 žličica žutih sjemenki gorušice
- 1 žličica sjemenki kima
- ½ žličice čili pahuljica

UPUTE
a) Razvaljajte tijesto u dva kvadrata od 12 inča / 30 cm svaki ⅛ inča / 3 mm debljine. Stavite listove tijesta na lim obložen papirom za pečenje—mogu se nalaziti jedan na drugom, s listom papira između—i ostavite u hladnjaku 1 sat.

b) Stavite svaki set sastojaka za punjenje u zasebnu zdjelu. Promiješajte i ostavite sa strane. Pomiješajte sve sjemenke zajedno u zdjeli i ostavite sa strane.

c) Izrežite svaki list tijesta na kvadrate od 4 inča / 10 cm; trebali biste dobiti ukupno 18 kvadrata. Prvi nadjev ravnomjerno podijelite na polovicu kvadrata, stavljajući ga žlicom na sredinu svakog kvadrata. Premažite dva susjedna ruba svakog kvadrata jajetom, a zatim preklopite kvadrat na pola da formirate trokut. Izbacite sav zrak i čvrsto stisnite strane. Rubove dobro stisnite kako se ne bi otvorili tijekom kuhanja. Ponovite s preostalim kvadratićima tijesta i drugim nadjevom. Stavite na lim obložen papirom za pečenje i ostavite u hladnjaku najmanje 15 minuta da se stegne. Zagrijte pećnicu na 425°F / 220°C.

d) Premažite dva kraća ruba svakog peciva jajetom i umočite te rubove u mješavinu sjemenki; Mala količina sjemenki, samo ⅙ inča / 2 mm široka, je sve što je potrebno, jer su prilično dominantne. Gornji dio svakog tijesta također premažite malo jajeta, izbjegavajući sjemenke.

e) Provjerite jesu li peciva razmaknuta oko 1¼ inča / 3 cm jedna od druge. Pecite 15 do 17 minuta, dok posvuda ne porumeni. Poslužite toplo ili na sobnoj temperaturi. Ako se dio nadjeva prolije iz peciva tijekom pečenja, samo ga nježno ugurajte natrag kad se dovoljno ohlade da se njima može rukovati.

99. Ghraybeh

Pravi: OKO 45 KOLAČIĆA

SASTOJCI

- ¾ šalice plus 2 žlice / 200 g gheeja ili pročišćenog maslaca, iz hladnjaka da bude čvrst
- ⅔ šalice / 70 g slastičarskog šećera
- 3 šalice / 370 g višenamjenskog brašna, prosijanog
- ½ žličice soli
- 4 žličice vode od narančinog cvijeta
- 2½ žličice ružine vodice
- oko 5 žlica / 30 g neslanih pistacija

UPUTE

a) U samostojećem mikseru opremljenom nastavkom za mućenje, miješati ghee i slastičarski šećer 5 minuta dok ne postane pjenasto, kremasto i blijedo. Zamijenite metlicu nastavkom za mućenje, dodajte brašno, sol, cvijet naranče i ružinu vodicu i miješajte dobre 3 do 4 minute dok se ne formira jednolično, glatko tijesto. Zamotajte tijesto u plastičnu foliju i ohladite 1 sat.

b) Zagrijte pećnicu na 350°F / 180°C. Uhvatite komad tijesta, težak oko 15 g, i razvaljajte ga u kuglu između dlanova. Malo ga poravnajte i stavite u pleh obložen papirom za pečenje. Ponovite s ostatkom tijesta, rasporedite kolačiće na obložene limove i dobro ih razmaknite. Utisnite 1 pistaciju u sredinu svakog kolačića.

c) Pecite 17 minuta pazeći da kolačići ne poprime boju već da se samo ispeku. Izvaditi iz rerne i ostaviti da se potpuno ohladi. Čuvajte kolačiće u hermetički zatvorenoj posudi do 5 dana.

100. Mutabbaq

Proizvodi: 6

SASTOJCI

- ⅔ šalice / 130 g neslanog maslaca, otopljenog
- 14 listova filo tijesta, 12 x 15½ inča / 31 x 39 cm
- 2 šalice / 500 g ricotta sira
- 250 g mekog sira od kozjeg mlijeka
- mljeveni neslani pistacije, za ukrašavanje (po želji)
- SIRUP
- 6 žlica / 90 ml vode
- zaokruženo 1⅓ šalice / 280 g najfinijeg šećera
- 3 žlice svježe iscijeđenog soka od limuna

UPUTE

a) Zagrijte pećnicu na 450°F / 230°C. Premažite lim za pečenje s plitkim rubom veličine oko 11 x 14½ inča / 28 x 37 cm malo otopljenog maslaca. Raširite filo list na vrh, ugurajte ga u kutove i dopustite da rubovi vise. Sve premažite maslacem, odozgo stavite drugi list i opet premažite maslacem. Ponavljajte postupak dok ne dobijete 7 ravnomjerno naslaganih listova, svaki namazan maslacem.

b) Stavite ricottu i kozji sir u zdjelu i zgnječite vilicom, dobro promiješajte. Raširite preko gornjeg filo lista, ostavljajući ¾ inča / 2 cm slobodnog oko ruba. Površinu sira namažite maslacem i na njega stavite preostalih 7 listova fila, svaki redom premažite maslacem.

c) Škarama odrežite oko ¾ inča / 2 cm od ruba, ali bez dosezanja sira, tako da ostane dobro zapečaćen unutar peciva. Prstima nježno uvucite rubove filo ispod tijesta kako biste postigli uredan rub. Sve premažite još maslacem. Oštrim nožem izrežite površinu na kvadrate veličine otprilike 2¾ inča / 7 cm, dopuštajući nožu da dosegne skoro dno, ali ne sasvim. Pecite 25 do 27 minuta, dok ne postanu zlatne i hrskave.

d) Dok se tijesto peče pripremite sirup. Stavite vodu i šećer u manju šerpu i dobro promiješajte drvenom kuhačom. Stavite na srednju vatru, zakuhajte, dodajte limunov sok i lagano kuhajte 2 minute. Maknite s vatre.

e) Polako prelijte sirup preko peciva čim ga izvadite iz pećnice, pazeći da se ravnomjerno upije. Ostavite da se ohladi 10 minuta. Pospite mljevenim pistacijama, ako koristite, i narežite na porcije.

ZAKLJUČAK

Dok dolazimo do kulminacije našeg kulinarskog putovanja kroz "Najbolju bliskoistočnu kuharicu", nadamo se da ste uživali u bogatoj tapiseriji okusa koji definiraju ovu izvanrednu kuhinju. Svaki recept na ovim stranicama svjedočanstvo je drevnih kulinarskih tradicija, različitih regionalnih utjecaja i umjetnosti koja je oblikovala bliskoistočnu kuhinju.

Bez obzira jeste li uživali u aromatičnim začinima marokanskog tagina, uživali u kremastim teksturama libanonskog mezzea ili se prepustili slatkoći perzijskih deserata, vjerujemo da vas je ovih 100 recepata prenijelo u srce bliskoistočne kulinarske izvrsnosti.

Izvan kuhinje, neka priče i tradicija utkane u svako jelo ostanu u vašem sjećanju, potičući dublje poštovanje kulturnog naslijeđa koje prati kuhinju Bliskog istoka. Dok nastavljate istraživati okuse ove zadivljujuće regije, neka vaše kulinarske pustolovine budu ispunjene užitkom, otkrićem i trajnom toplinom bliskoistočne gostoljubivosti. Živjeli za uživanje u 100 bogatih okusa i bezvremenskoj privlačnosti "Najbolje bliskoistočne kuharice"!

www.ingramcontent.com/pod-product-compliance
Lightning Source LLC
Chambersburg PA
CBHW071303110526
44591CB00010B/764